Kompaktwissen

WINFRIED PROST

Manipulieren und überzeugen

Unterschwellige Beeinflussung
erkennen,
einsetzen oder abwehren

Überarbeitete Neuausgabe

Wilhelm Heyne Verlag
München

HEYNE KOMPAKTWISSEN
Nr. 22/354

Herausgeber der Reihe »kompaktwissen«:
Dr. Uwe Schreiber

Umwelthinweis:
Dieses Buch wurde auf
chlor- und säurefreiem Papier gedruckt.

2. Auflage

Überarbeitete Neuausgabe des Heyne-Kompaktwissen-Bandes
»Manipulieren durch Sprache« (Nr. 22/181).

Copyright © 1995 by Wilhelm Heyne Verlag GmbH & Co. KG, München
Printed in Germany 1996
Umschlaggestaltung: Atelier Ingrid Schütz, München
Satz: Schaber Satz- und Datentechnik, Wels
Druck und Bindung: Ebner Ulm

ISBN 3-453-09163-9

Inhalt

Vorwort 9
Einleitung 11
Ein Modell der Kommunikation 12

1 Sprache als Brücke und Krücke zwischen Realität und Bewußtsein 16

§ 1 Wie Realitätserkenntnis und -gestaltung durch Sprache beeinflußt wird 16
Wie Sie sich vor Manipulation und Täuschung schützen 19
So können Sie andere beeinflussen 26

§ 2 Möglichkeiten symbolischer und bildhafter Realitätsabbildung 30
Wie Sie mit bildhafter Sprache beeinflussen können 34

2 Sprache als Medium eines kollektiven gesellschaftlichen Bewußtseins (WIR) 40

§ 3 Sprache als Tradition 40
Die manipulative Wirkung von Redensarten und Sprichwörtern 43
Anwendungsbeispiele 47

§ 4 Sprache als gemeinsames Band 50
Methoden kollektiver Bewußtseinsbeeinflussung . 50
Wie Sie Ihr Bewußtsein vor solchen Manipulationen schützen 57
Beispiele, wie Sie andere beeinflussen können ... 59

3 Sprache als Vermittler zwischen Realität und Gesellschaft ... 63

§ 5 Wie Sprache den Umgang mit der Welt (Realität) erleichtert und verfälscht ... 63
   So schützen Sie sich vor Manipulation ... 66
   Beispiele, wie Sie andere beeinflussen können ... 69
§ 6 Einzel- und Gruppensprachen als Teilperspektiven auf die Welt ... 72
   Welche Einflußmöglichkeiten bieten Einzel- und Gruppensprachen? ... 73

4 Sprache als Vermittler zwischen Individuum und Bewußtsein ... 75

§ 7 Wie durch Sprache Verhalten normiert wird ... 75
   Wie Verhalten von Menschen durch Normen beeinflußt wird ... 77
   Wie Sie sich vor Manipulation durch Normen schützen können ... 80
§ 8 Die Gefühlsdimension der Sprache ... 83
   Beeinflussung durch Gefühlsansprache ... 87

5 Sprache als Vermittler zwischen Realität und Individuum ... 96

§ 9 Sprache als Informationsträger ... 96
   Wie Informationen manipuliert werden ... 99
   Wie Sie von anderen Menschen Informationen erhalten ... 102
   Wie Sie Informationen bei anderen Menschen anbringen ... 105
§ 10 Beeinflussung der Realitätssicht durch Ansprache individueller Bedürfnisse ... 107
   Wie Bedürfnisse manipuliert werden ... 109

Vom Umgang mit Bedürfnissen anderer
Menschen 114
Wie Sie sich gegen eine Manipulation Ihrer
Bedürfnisse immunisieren 115

6 Sprache als Brücke zwischen Individuum (ICH) und Gesellschaft (DU) 118

§ 11 Sprache als Kommunikationsmittel –
Wie man Gespräche führt 118
Die richtige Einstellung 121
Wie Sie richtig zuhören 123
Wie Sie richtig fragen 126
Wie Sie richtig reden 128
Wie Sie richtig gliedern 130
Wie Sie richtig argumentieren 132
Unfaire Methoden 135

§ 12 Sprache als Instrument der Menschenführung ... 137
20 Regeln, wie Sie Mitarbeiter demotivieren
können 141
Wie Sie Mitarbeiter motivieren können 145
Wie Sie Gruppengespräche moderieren können .. 149
Wie Sie mit Einwänden umgehen können 152

Die Grenzen des Manipulierens und Überzeugens 156

Vorwort

Wenn Sie ein Buch über Manipulieren und Überzeugen in die Hand nehmen, werden Sie daran vermutlich einige Erwartungen richten:

- Sie werden wissen wollen, wie Sie andere Menschen besser gemäß Ihrem eigenen Willen erfolgreich beeinflussen können.
- Als Voraussetzung für selbstbestimmtes eigenes Verhalten, werden Sie erfahren wollen, wodurch Sie bisher vielleicht unbewußt beeinflußt und manipuliert worden sind.
- Außerdem werden Sie vermutlich Aufklärung darüber suchen, wie Sie sich besser davor schützen können, manipuliert zu werden.

Wenn das Ihre Interessen sind, dann ist dieses Buch richtig für Sie. Es klopft systematisch unterschiedliche Dimensionen der Sprache hinsichtlich ihrer Möglichkeiten zur Menschenbeeinflussung ab. Sie werden über subtile Mittel und Wirkungen aufgeklärt und bekommen sowohl Werkzeuge, um sich besser zu schützen, als auch, um sich besser mit Ihren eigenen Interessen durchzusetzen.

Wenn es Ihnen auch im Moment noch egal sein mag, ob Sie sich manipulativ oder fair überzeugend besser durchsetzen – auch dafür wird Ihnen dieses Buch Entscheidungskriterien an die Hand geben.

Wie immer, wenn Sie etwas Neues lernen, werden Sie nachher vermutlich manches anders sehen und tun wollen als bisher. Verhalten, das über Jahre eingeübt worden ist, läßt sich aber nicht von heute auf morgen ändern. So wird es für Sie auch nicht damit getan sein, dies Buch nur durchzulesen. Sie können es vielmehr mit einem Werkzeugkasten vergleichen, den Sie sich kaufen. Es genügt weder, die Werkzeuge anzuschauen, noch zu wissen, wie man damit umgeht. Erst durch häufigen Gebrauch der Werkzeuge erwirbt man Geschicklichkeit und Tüchtigkeit damit. Der erste Versuch mit einem Hammer trifft häufig den Fingernagel. So ist es auch mit den Werkzeugen, die dieses Buch Ihnen für Ihre Kommunikation gibt: Sie müssen sie auspacken, anschauen und dann damit experimentieren. Nicht im Wissen, sondern im Können liegen Macht und Genie.

Viel Spaß auf den Weg! Winfried Prost

Einleitung

Im Grundgesetz der Bundesrepublik Deutschland heißt es: »Jeder hat das Recht, seine Meinung in Wort, Schrift und Bild frei zu äußern und zu verbreiten« (Artikel 5, [1]). Damit ist die Tür zur Beeinflussung von Menschen offen. Das Grundgesetz geht von mündigen Menschen aus, die sich ihre Meinung selbst zureichend bilden können. In anderen Zeiten und Gesellschaftssystemen vertrat der Staat die Auffassung, er müsse seine Bürger vor Unwahrheiten, Irreführungen, Betrug und Verführung schützen und schrieb deshalb für alle Veröffentlichungen eine vorherige Zensur vor. Da nun aber offenkundig geworden ist, daß gerade die Führer von Staaten schnell in die Versuchung kommen, alle Medien für ihre propagandistischen Zwecke gleichzuschalten, haben die Väter freiheitlicher Verfassungen nicht mehr viel für Zensur übrig gehabt. Deshalb ließen sie es zu, daß verschiedene Meinungen miteinander im Wettstreit stehen.

In diesem Wettstreit um die Zustimmung möglichst vieler Menschen hat die Sprache eine wichtige Rolle. Neben Bildern ist sie das Medium, um Botschaften zu transportieren. Und viele Bilder können selbst wieder sprachlich vermittelt werden.

Durch Sprache können Sachverhalte, Beziehungen, Meinungen etc. ausgedrückt und damit offenbart werden. Wenn das zielgerichtet und im wesentlichen vollständig und zutreffend geschieht, kann man von einem Überzeugungsversuch sprechen. Die Sprache ist aber auch geeignet, um Sachverhalte und Tatbestände herum zu reden, sie zu tarnen, zu verdecken und andere Menschen zu täuschen und in die Irre zu führen. Wenn das absichtlich und zu eigennützigen Zwecken geschieht, spricht man von Manipulation.

Wenn ein Getäuschter sich über eine Täuschung klar wird,

endet damit fast immer das Vertrauen zu dem, der manipuliert hat. Insofern ist das Risiko des Manipulierens sehr hoch. Da fast jede Lüge – und Manipulation ist im wesentlichen nichts anderes, vielleicht nur Halb-, Viertellüge oder Lücke – in der Folge weitere Lügen notwendig macht, entsteht im Laufe der Zeit ein regelrechtes Lügengebäude, und man muß, um es glaubwürdig aufrecht zu erhalten, nicht nur ein sehr gutes Gedächtnis haben, sondern auch zuverlässige Komplizen mit ebenfalls gutem Erinnerungsvermögen. Nicht umsonst sagt der Volksmund: »Lügen haben kurze Beine.«

Wenn es also gelingen würde, die eigenen Ziele so überzeugend zu transportieren, daß andere sich echt damit identifizieren, dann wäre das der erstrebenswerte Weg. Wie ist das möglich und was kann dieses Buch dazu beitragen?

Dieses Buch zeigt Ihnen ein Modell der Kommunikation und 12 Funktionen, die die Sprache in der Kommunikation erfüllt. Daraus ergeben sich eine Fülle von Möglichkeiten, wie mit Sprache Einfluß auf andere Menschen ausgeübt werden kann. Subtile, die unbewußt wirken, und andere, die direkt und offen wirken. Viele, vielleicht sogar die meisten dieser Möglichkeiten, haben Grenzbereiche, in denen nicht klar zwischen Manipulieren und Überzeugen zu unterscheiden ist. Jedes Wort, das Sie wählen, ist eine Entscheidung mit unterschwelligen Wirkungen. Aber trotzdem haben Sie das Recht, Worte zu wählen, die in Ihrem Sinne wirken. Natürlich muß Ihr »Sinn« einen Realitätsbezug und einen Gemeinschaftsbezug haben, sonst hängt er schlimmstenfalls antisozial, beziehungslos und irreal in der Luft. Damit sind wir schon bei den Polen, die in jeder Kommunikation umfaßt werden müssen.

Ein Modell der Kommunikation

Kommunikation ist das Bemühen, zwischen Einzelnen (**Individuum**) und ihrer Gruppe (**Gesellschaft**) Bewußtseinsinhalte (**Bewußtsein**) zu schaffen und zu transportieren, die einen Realitätsbezug (**Realität**) haben. Dabei mag jeder dieser Pole in sich selbst aus verschiedenen Ebenen bestehen.

Mit **Realität** ist der Bereich gemeint, der allem menschlichen Erkennen und Handeln zugrunde liegt und vorgegeben ist. Es handelt sich dabei gewissermaßen um das Material. Neben der physischen Realität sind damit aber auch alle psychischen, geistigen, sozialen und ökonomischen Aspekte der Realität mitgemeint. Sprache kann in einer Kommunikationssituation nur dann sinnvoll sein, wenn sie nicht inhaltsleer und bedeutungslos ist, sondern einen realen Bezug hat.

Mit **Bewußtsein** ist die Fähigkeit gemeint, etwas außerhalb seiner selbst wahrzunehmen und sich dem gegenüber zu verhalten. Insofern sich der Erlebende selbst noch einmal reflektierend selbst wahrnimmt, kann man von Selbstbewußtsein sprechen. Bewußtsein richtet sich auf die äußere Welt. Die Art ihrer Wahrnehmung ist bereits durch die dem menschlichen Bewußtsein kulturell vorgegebene Sprache wesentlich vorgeprägt.

Gesellschaft meint nicht nur die Summe vieler einzelner Menschen, sondern vor allem die real existierende Struktur und das System der Beziehungen dieser Menschen untereinander. Für eine Gesellschaft ist die Sprache Medium des Austauschs und des Zusammenhalts. Jede Gesellschaft prägt ihre Sprache und wird zugleich auch durch die in ihr überlieferte Sprache mitgestaltet.

Mit **Individuum** ist hier der einzelne, selbständige Mensch gemeint, insofern er nicht nur Produkt seiner Gesellschaft ist, sondern sich auch dazu verhalten und in ihr eine persönliche Identität aufbauen kann. Als Individuen sind wir zwar Schnitt- und Kristallisationspunkte von Beziehungen, zugleich aber können wir auch als ein »ICH« bewußt Akte setzen. Die Sprache erwirbt der Einzelne als gesellschaftlich vorgegebenes Muster, aber er kann sie sich im eigenen Interesse und mit eigenen Zielen aneignen und aktualisieren, sie beleben und spielerisch variieren und verändern.

Keinen dieser Pole gibt es ohne die anderen: Individuen gibt es nicht ohne ihr gesellschaftliches Umfeld. Eine Gesellschaft gäbe es nicht ohne die Einzelnen. Bewußtsein gibt es nur in

Individuen, aber ohne die kulturelle Vorleistung und das Umfeld einer Gesellschaft käme kein Einzelner zu seinem Bewußtsein, geschweige zu Selbstbewußtsein. Und die Realität ist eben das Vorhandene, was durch seine Naturgesetzlichkeiten für alles Handeln das Material und die Grenze ausmacht. Obwohl die Realität, wie sie uns begegnet, immer schon eine von Menschen gestaltete ist, darf sie in ihren eigenen Sachgesetzen nicht ignoriert werden. Die ökologische Weltkrise entspringt einer solchen Ignoranz, und die ist Ausdruck eines gesellschaftlichen Bewußtseins, das vom Egoismus vieler Individuen geprägt ist.

Die Verbindung dieser Pole und der Austausch zwischen ihnen wird in der **Kommunikation** hergestellt. Das Medium dabei ist die **Sprache.**

In einem Schema können die vier Pole als Ecken eines Feldes dargestellt werden:

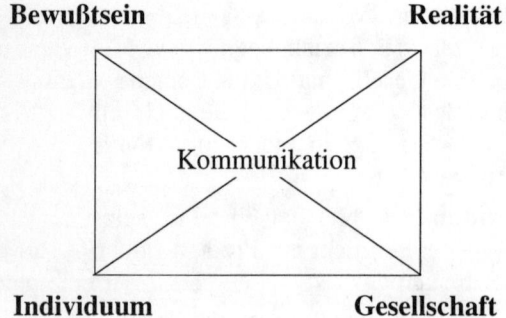

Zwischen diesen vier Polen gibt es dann insgesamt sechs Beziehungslinien:

- Bewußtsein und Realität
- Bewußtsein und Gesellschaft
- Realität und Gesellschaft
- Individuum und Bewußtsein
- Realität und Individuum
- Individuum und Gesellschaft

Jede Beziehung kann in zwei Richtungen betrachtet werden. Insofern gibt es 12 Funktionen. Diese werden von der Sprache wahrgenommen. In allen 12 Hinsichten können wir manipulativ beeinflußt werden, und diese 12 Aspekte müßten idealerweise bei jedem Überzeugungsversuch berücksichtigt werden. Die entsprechende Fülle von Möglichkeiten wird in diesem Buch ausgebreitet.

Die sechs Beziehungen zwischen den vier Polen werden zu den sechs Hauptkapiteln dieses Buches. Jedes ist in zwei Paragraphen untergliedert. Darin werden die jeweils zwei sich durch die unterschiedlichen Blickrichtungen ergebenden Funktionen behandelt.

1 Sprache als Brücke und Krücke zwischen Realität und Bewußtsein

Die Realität ist das dem Bewußtsein vorgegebene Material. Bewußtsein ohne Material wäre leer. Um realitätsgerecht handeln zu können, ist es notwendig, die Realität möglichst zutreffend zu erfassen. Beim Bemühen, die Realität zu erfassen, ist die Sprache ein Hilfsmittel des Bewußtseins. Einerseits kann man mit der Sprache versuchen, die Realität zu beschreiben. Dabei wird man die Unzulänglichkeit der Sprache immer wieder zu spüren bekommen. Zum Teil verzerrt sie sogar den Blick darauf. Davon, und wie man trotzdem mit ihr leben kann, handelt § 1. Es gibt neben der direkten Beschreibung der Realität aber noch eine andere Herangehensweise zur Erfassung der Realität: Symbolisches und bildhaftes Sprechen. Welche Möglichkeiten die Sprache in dieser Hinsicht bietet und welche Wirkungen man damit erzielen kann, zeigt § 2.

§ 1 Wie Realitätserkenntnis und -gestaltung durch Sprache beeinflußt wird

Jede Erkenntnis über die Realität ist uns durch unsere Sinne vermittelt. Jeder Sinn vermittelt uns einen anderen Eindruck der Realität bzw. einen anderen Aspekt von ihr.

Diese gewonnenen Eindrücke zeigen uns allerdings nicht die Realität, wie sie ist, sondern auf eine von unserer Sinnlichkeit geprägte Weise. Wellen mit unterschiedlicher Länge nehmen wir zum Beispiel als Farben (Licht), Töne, Wärme oder auch überhaupt nicht wahr. Unsere Sinne vermitteln uns demnach ein unvollkommenes Bild der Welt. Wie aus der Tierwelt bekannt ist, filtern sie bereits vieles aus, was für die Überlebenszwecke einer bestimmten Gattung von Lebewesen nicht von Bedeutung ist.

Die ankommmenden Eindrücke und Wahrnehmungen werden von unserem Verstand verarbeitet. Dies ist nur möglich aufgrund eines Vorwissens. Es ist uns in sprachlicher Aufbereitung gegeben. Die Sprache ist für den einzelnen Menschen ein fertiges System mit vorgebildeten Möglichkeiten der Weltbemächtigung.

Sie spielt demnach eine bedeutende Rolle für die Erkenntnis und kann als das Vehikel unseres Bewußtseins in der Welt beschrieben werden. Ihre Aufgabe besteht darin, die Realität zu beschreiben.

Fragen wir uns, ob und wieweit sie diese Aufgabe erfüllen kann.

Die Sprache kann in folgenden Hinsichten ihre Aufgaben erfüllen:

- Die Sprache benennt die Welt. Teilaspekte der Realität werden für uns mit Worten (Namen) belegt und dadurch erfaßbar. So können wir uns innerhalb der sprachlichen Abbildung der Welt geistig frei in ihr bewegen und mit ihr experimentieren. Ohne die Gegenstände selbst bewegen zu müssen, können wir sie gedanklich bewegen und miteinander in Beziehungen bringen.

- Mit einem begrenzten Wortschatz erlaubt es die Sprache, eine unendliche Fülle von Phänomenen zu erfassen und darüber zu reden. Sie bietet damit ein System der Vereinfachung und hilft zu einem besseren Überblick und erleichtert dadurch das Handeln in der Welt.

- Dadurch daß die Sprache es auch ermöglicht, Funktionen, Beziehungen, Emotionen und Verallgemeinerungen auszudrücken, bleiben wir nicht auf die unmittelbare Sachebene beschränkt, sondern können auch abstrakt über die Realität kommunizieren und uns selbst miteinbeziehen.

- Die Sprache bietet nicht nur Beschreibungsmöglichkeiten der Welt, sondern ist auch geeignet, über sich selbst und ihre Grenzen zu sprechen. Damit transzendiert sie sich selbst und öffnet sich für weitere Einsichten und Entwicklungen.

An ihre Grenzen kommt die Sprache dagegen in folgenden Hinsichten:

- Wäre eine Realitätsabbildung problemlos möglich, könnte sich jeder selbst über die Realität vergewissern. Manipulationen im Sinne von gezielter Täuschung über Sachverhalte wären dann unwahrscheinlich, bzw. leicht aufdeckbar.

- Was durch die Schranke der sinnlichen Wahrnehmung bereits verändert hindurchgegangen ist, wird durch die Sprache ein zweites Mal aufbereitet. Auch dabei können Verzerrungen entstehen.

- Da die Sprache vor einer differenzierten Realitätswahrnehmung erlernt wird, transportiert sie ein vorstrukturiertes Bild der Welt, für das derjenige, der in dieser Sprache lebt, keine Alternativen zur Verfügung hat.

- Sie ist eine Schöpfung des Menschen und damit anfällig für dessen Projektionen, Ängste und Vorlieben.

- In Formulierungen werden veränderliche Sachverhalte sprachlich fixiert. Aussagen, die heute wahr sind, können morgen schon unwahr sein.

- Indem die Sprache Worte benutzt, zerteilt sie mit ihnen die Welt willkürlich in Einzelteile: Die kontinuierliche Kurve einer Landschaftsform wird sprachlich in »Berg« und »Tal« zerrissen, ohne daß jemand angeben könnte, wo die Grenze zwischen beiden liegt.

- Sprache kann die Illusion von Gegenständen schaffen: Das Wort »Wind« behauptet, daß es »Wind« gibt. Wenn ein Kind aber fragt: »Und was macht der Wind, wenn er nicht weht?« erkennt man, daß es nicht den »Wind« gibt, sondern nur den Vorgang »wehen«. Während wir von »Wolke«, »Donner«, »Blitz« und »Welle« sprechen, gibt es andere Sprachen, wie z. B. die der nordamerikanischen Hopi, die

für Vorgänge von kurzer Dauer nur Verben kennen: »donnern«, »blitzen«, »wehen«, »wogen«. Das ist realitätsgerechter.
- Durch die Sprache werden ständig Wertungen vollzogen und kommuniziert. Dieselbe Person kann als »Dame«, »Frau«, »Weib« oder »alte Jungfer« bezeichnet werden. Man kann eine Situation als »problematisch« oder »herausfordernd« bezeichnen. Kein Wort ist wertfrei.

Die gezeigten Aspekte verdeutlichen, daß die Sprache mit ihren vielfältigen Eigenschaften sowohl zur Darstellung aber auch zum Verbergen der Realität geeignet ist. Das Bewußtsein von Menschen kann durch sie zu Erkenntnis, aber auch zu Irrtum oder Täuschung geführt werden. Grundsätzlich kann man mit der Sprache jede beliebige Meinung vertreten, deshalb läßt sie sich mißbrauchen.

Wer aber erfolgreich mit der Realität umgehen und die beabsichtigten Ziele erreichen will, muß die Realität mit seinem Bewußtsein zutreffend erfassen. Jeder Unfall und jedes Mißlingen entspringt einer falschen Einschätzung einer Situation. Was man für unmöglich hält, nimmt man oft über lange Zeit einfach nicht wahr. Viele Firmenpleiten oder auch der Zusammenbruch des SED-Regimes zeugen davon. Ebenso die Schäden an der Umwelt, die durch ein Verhalten erzeugt wurden und werden, das Realitäten ignoriert. Langfristig wird sich aber immer die Realität zeigen.

Wie Sie sich vor Manipulation und Täuschung schützen

Achten Sie darauf, den Bezug zur Realität nicht zu verlieren. Sie laufen sonst Gefahr, von ihr überrollt zu werden.

Realitätserkenntnis richtet sich auf die Welt außerhalb und innerhalb der eigenen Personen. Eine realistische Selbsteinschätzung ist eine wichtige Voraussetzung für die zuverlässige Einschätzung anderer Bereiche. Wer seine eigenen

Fähigkeiten falsch einschätzt, gerät leicht in Konflikt mit der Realität. Bemühen Sie sich deshalb um Selbsterkenntnis.

Verhalten Sie sich gegenüber jedem Versuch, die Realität durch Sprache zu begreifen, kritisch. Sprache drückt immer nur ein »für mich« einer Sache aus und nicht die Sache selbst:

Ein Stein kann für jemanden Hammer, Wurfgeschoß, Schmuck oder Schutt sein, und eine Pflanze mag ihm Zierde, Sauerstoffspender, Gemüse oder Unkraut bedeuten. An sich selbst sind Stein und Pflanze weder das eine noch das andere.

Es gibt insofern keine Fakten, sondern immer nur sprachlich vermittelte und somit interpretierte und interpretierbare Fakten. Bemühen Sie sich darum, Beschreibung, Wertung und Interpretation als Verschiedenes auseinanderzuhalten.

Versuchen Sie einmal, diese Buchseite erst zu beschreiben, dann zu interpretieren. Lesen Sie erst weiter, nachdem Sie diese Aufgabe ausgeführt haben!

Hier nun eine mögliche exakte *Beschreibung:* Bezeichnung des Materials: Papier. Form: 115 mal 118 mal 0,01 Millimeter. Farbe: 80 % weiß, 20 % schwarz; Streuung der schwarzen Farbe über das Papier ungleichmäßig in kleinen gebogenen Linien. *Interpretation:* Ich weiß: die kleinen schwarzen Linien sind Zeichen. Sie haben einen Sinn. Es handelt sich um Buchstaben. Buchstaben sind Bausteine von Schrift. Sie werden zu Worten zusammengesetzt, diese zu Sätzen. Wer gelernt hat, diese Schriften zu lesen und die entsprechende Sprache kennt, kann eine Bedeutung entnehmen. Die Zeichen bedeuten ... Ich stimme dem Inhalt des Geschriebenen zu etc.

Zweierlei wird daran deutlich:

- Auch eine möglichst exakte Beschreibung ist noch weit vom Faktischen selbst entfernt.
- Im allgemeinen Sprachgebrauch werden Beschreibung und Interpretation ständig vermischt.

Führen Sie einmal folgendes Spiel durch: Interpretieren Sie vorgebliche Fakten einmal in eine andere Richtung:
Aus einer verlorenen Schlacht wird dann ein strategischer Rückzug,
aus einem Angriff ein Präventivschlag,
dick heißt dann stattlich oder repräsentativ,
Pleite wird zu Gesundschrumpfung.
Aus einem alten Spinner wird ein jugendlicher Endfünfziger, und aus stinkbesoffen wird: recht lustig.
Beide Bezeichnungen beziehen sich jeweils auf dieselbe Realität, bewerten sie aber jeweils unterschiedlich.

Wenn Sie sich den Blick auf Realität hin offenhalten wollen, sollten Sie nach dem Gesagten starre Begriffsschemata vermeiden. Versuchen Sie, die Berechtigung verschiedener Begriffssysteme zu erkennen und deren Wert für sich zu nutzen.

Wer zum Beispiel nur in den Begriffen »links« und »rechts« oder »progressiv« und »reaktionär« denkt, wird versuchen, alles unter diese Begriffe einzuordnen. Die »Grünen« werden dann von dem einen als »zu links« und vom anderen als »reaktionär« eingestuft. Es wird nicht erkannt, daß hier vielleicht eine neue Begrifflichkeit erforderlich wäre. Hinsichtlich der Gefahren der Umweltzerstörung stehen die »Grünen« der Realität vermutlich am nächsten.

Ebenso hat das Denken in den Kategorien Ost und West lange die Unterscheidung zwischen Nord und Süd oder zwischen Industriestaaten und Entwicklungsländern verhindert. Erst allmählich drängt sie ins Bewußtsein weiterer Bevölkerungskreise.

Begrifflichkeiten wie diese verbergen oder nivellieren Unterschiede und verhindern dadurch eine Realitätsorientierung des Bewußtseins.

Lassen Sie sich also nicht durch Begriffe betören. Auch einzelne Worte, vor allem Substantive, können den Blick auf Realität versperren. Den »Wind« gibt es nicht.

Man kann auch nicht fragen, wann eine Luftbewegung Wind sei. Die Realität ist stetig. Zwischen Windstille und Sturm gibt es eine stufenlose Steigerung. Sprachlich wird dies jedoch, wie die Abbildung zeigt, in Stufen zerstückelt:

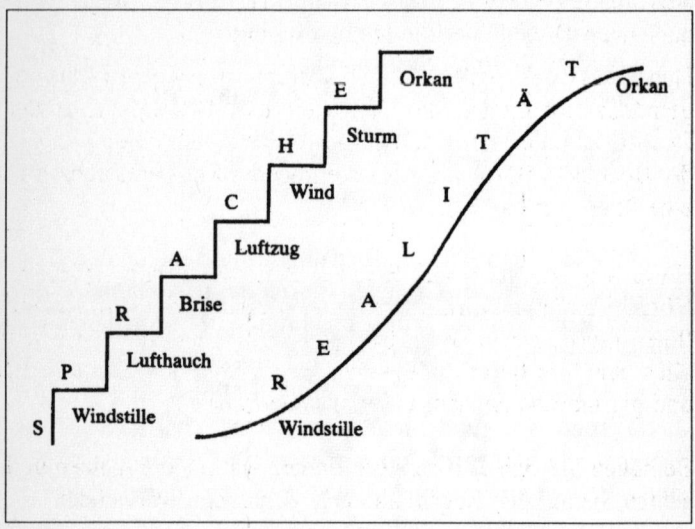

Noch schlimmer wird es bei abstrakten Begriffen. Statt davon zu sprechen, daß sich zwei Menschen lieben, wird von der Liebe als einem Gegenstand zwischen ihnen gesprochen. Sprachlich kann das entstandene Substantiv dann noch personifiziert werden und schließlich hat man dann eine Gottheit der Liebe, die weit entfernt außerhalb der beiden Liebenden zu existieren scheint. Wenn man auf dieses Sprachspiel hereingefallen ist und diese Gottheit als real ansieht, dann muß man sich plötzlich nicht nur der geliebten Person gegenüber sondern auch noch dieser Gottheit gegenüber verantworten. Und die stellt je nach theologischem Überbau auch noch spezielle Forderungen an die Liebenden, wie z. B. sexuelle Enthaltsamkeit. Sie sehen, wie leicht sich aus den Möglichkeiten der Sprache Manipulationen ergeben können.

Ähnlich wird aus dem Sich-miteinander-vertragen der Vertrag, eventuell der Ehevertrag; in der Steigerung: die Ehe, das Wesen der Ehe und zuletzt: göttlich legitimierte und menschlich sanktionierte sittliche Verpflichtung.

Aus »betreiben« wird der Betrieb, aus »unternehmen« wird das Unternehmen oder die Unternehmung.

Dabei zeigt sich, daß sprachlich verfügbare grammatische Regeln dazu beitragen, die Stetigkeit und Beweglichkeit der Realität zu unterlaufen und vergessen zu lassen. Die Dynamik der Realität wird im Prozeß zunehmender Substantivierung in eine Statik verwandelt.

Hören Sie auf das, was Ihnen andere Menschen mitteilen. Hören Sie einmal wirklich hin, und bedenken Sie das, was sie Ihnen sagen, genau. Wie leicht kann es vorkommen, daß wir alles, was wir hören, in unseren Begriffsrahmen einsortieren und gar nicht verstehen, was der andere meint.

Bemühen Sie sich also herauszufinden, was andere meinen und achten Sie auf den Begriffsrahmen, den andere verwenden.

Versuchen Sie zunächst, diesen Rahmen zu akzeptieren und Partner innerhalb ihrer Gedankensysteme zu verstehen. Betrachten Sie diesen Rahmen als eine andere (unabhängig davon, ob bessere oder schlechtere) Möglichkeit, die Welt zu betrachten.

Versuchen Sie, von einer anderen Sicht zu profitieren. Nehmen Sie eine andere Perspektive als Chance wahr, und vergleichen Sie fremde Begriffsrahmen mit Ihrem eigenen. Prüfen Sie beide, für welche Begriffe der eine oder der andere besser geeignet ist.

Relativieren Sie also Ihren eigenen Begriffsrahmen, und entwickeln Sie daraus eine größere Toleranz gegenüber anderen Menschen. Toleranz ist in vieler Hinsicht ein wirksamer Schutz gegen Manipulation durch andere Menschen.

Bemühen Sie sich, Ihren eigenen Begriffsrahmen kennenzulernen, und reflektieren Sie ihn. Dessen Grundstrukturen wurden während Ihrer Kindheit gelegt, und er beruht deshalb nur zum geringsten Teil auf bewußten Entscheidungen. Er erscheint vor allem deshalb plausibel und sinnvoll, weil Sie daran gewöhnt sind, nicht weil er etwa richtig wäre.

Je intensiver Sie das Gespräch mit anderen Menschen suchen, desto stärker können Sie Ihren Horizont weiten. Gesprächsbereitschaft bedeutet vor allem: Bereitschaft, die eigenen Voreingenommenheiten und Gewißheiten in Frage stellen zu lassen.

Ergreifen Sie auch Gelegenheiten zum Gespräch mit Leuten, deren Auffassung und Ansichten Sie ablehnen. Beschäftigen Sie sich gelegentlich mit Zeitungen oder sonstigen Veröffentlichungen, die der Ihren entgegengesetzte Meinungen vertreten.

Verschaffen Sie sich nicht bloß ständig eigene Bestätigung, sondern schauen Sie, von wem Sie lernen können. Der Wahrheitsgehalt fremder Auffassungen braucht nicht nur ein kleiner Funke zu sein.

Es wäre schön, gelegentlich über den eigenen Schatten springen zu können. Üben Sie es, indem Sie ab und zu einmal durch die Brille eines anderen Begriffsystems schauen. Wenn auch zunächst alles auf dem Kopf zu stehen scheint, Ihre Augen werden sich langsam daran gewöhnen.

Betrachten Sie das gesellschaftliche System der Bundesrepublik Deutschland einmal durch die Brillen folgender verschiedener Begriffe: Wohlfahrtsstaat; soziale Marktwirtschaft; NATO-Partner; hochkapitalistisch; demokratisch; Industriestaat etc.

Jeder Begriff hebt eine Perspektive verstärkt hervor. Dabei entsprechen jedem Begriff unterschiedliche Handlungsaufforderungen. Sie reichen von aufrechterhalten, bewahren und ausbauen bis hin zu überwinden und abschaffen, von Verantwortung tragen und solidarischem Handeln hin zu zuversichtlich in die Zukunft schreiten.

Jeder dieser Begriffe ist zulässig, aber einseitig, jeder zeigt einen Aspekt – aber eben nur einen.

Lernen Sie also andere Brillen kennen und durch sie zu schauen. Aber auch, sie zu durchschauen. Keinesfalls sollten Sie sich Brillen vorschreiben oder aufzwingen lassen.

Befragen Sie Sprachregelungen, mit denen Sie zu tun haben, inwieweit Sie bereit sind, sich dauerhaft darauf einzulassen und sich auf sie zu verlassen.

Fragen Sie sich, wozu eine bestimmte Sprachregelung in letzter Konsequenz führen kann.

Vermeiden Sie es, Sprachregelungen zu übernehmen, mit deren Konsequenzen Sie nicht einverstanden sind. »Atomkraftwerk« trägt die Assoziation der Atombombe und des Krieges mit sich und damit zugleich die Handlungsaufforderung des Vermeidens, ja sogar des entschiedenen Bekämpfens und Widerstand-Leistens.

»Gastarbeiter« trägt relativ positiv das Wort Gast in sich, aber auch das Vorübergehende und Integration-nicht-erforderlich-Machende. Möglicherweise verhindert außerdem das Wort »Arbeiten« Aufstiegschancen, weil sich niemand vorstellen kann, daß ein »Gast*arbeiter*« eine leitende Position ausfüllt.

Statt zu sagen: »Dieser Bewerber ist ein Türke«, und damit Gefahr zu laufen, bestimmte Vorurteile zu aktivieren, würden Sie besser davon berichten, daß sich ein sympathischer junger Mann vorgestellt hat, der sein Ingenieurstudium mit guten Zeugnissen abgeschlossen hat und in Anatolien aufgewachsen ist.

Bemühen Sie sich zu differenzieren! Differenzieren Sie zumindest für sich selbst. In der Darstellung vor anderen Menschen kann es für bessere Verständlichkeit sinnvoll sein, vereinfacht zu argumentieren.

Lassen Sie sich nicht zu Meinungen überreden, nur weil sie plausibel sind. Plausibel, einleuchtend, läßt sich alles machen. Prüfen Sie, hinterfragen Sie, entscheiden Sie selbst.

Alles fließt. Bilden Sie sich niemals ein, Klarheit über die Realität gewonnen zu haben und keiner weiteren Bemühungen mehr zu bedürfen.

Denken Sie daran: Die Welt ist nicht schwarz-weiß, sondern voller Farben in zahl- und namenlos verschiedenen Tönen.

So können Sie andere beeinflussen

Erst wer sich bemüht hat (und es bedarf ständigen Bemühens), Realität zureichend zu erkennen, kann es verantworten, andere Menschen von etwas überzeugen zu wollen.

Wer sprachliche Konventionen einführt, schlägt damit eine Brille vor, die Realität zu betrachten. Zusammen mit der Übernahme solcher Konventionen werden Einstellungen und Handlungsdispositionen erworben.

Bedenken Sie deshalb genau und ausgiebig die Begriffe, die Sie verwenden. Mit Worten werden Gedankensysteme transportiert. Achten Sie darauf, daß Sie durch Ihre Wortwahl nicht das Gegenteil des Beabsichtigten erreichen.

Zu einzelnen Worten lassen sich Assoziationsprofile (s. S. 27) erstellen. Das ist eine Skala mit gegensätzlichen Begriffen, die einer repräsentativen Zahl von Personen zur Auswertung hinsichtlich eines bestimmten Wortes vorgelegt wird. Damit lassen sich das Image eines Wortes und die mit ihm verbundenen Assoziationen testen und danach entscheiden, ob das betreffende Wort für den beabsichtigten Zweck geeignet ist.

	3	2	1	0	1	2	3	
gut								böse
warm								kalt
schön								häßlich
rauh								zart
hart								weich
erstrebenswert								gleichgültig
laut								leise
hell								dunkel
geheimnisvoll								bekannt
offen								verborgen
gemütlich								ungemütlich
angenehm								unangenehm
individuell								beliebig
sympathisch								unsympathisch
dynamisch								stagnierend
anziehend								abstoßend
sauber								schmutzig

Assoziationsprofilbogen

Je öfter Sie bestimmte Begriffe verwenden, desto eingängiger und selbstverständlicher werden sie für andere Menschen. Sie werden, ohne darüber nachzudenken, leichter hingenommen.

Je stärker jemand andere Menschen dazu bringen kann, seine eigenen Begriffe zu verwenden, desto stärker werden diese Personen von deren Richtigkeit überzeugt sein und die Welt durch die von diesen Begriffen geprägte Brille ansehen.

Versuchen Sie das, wovon Sie andere Menschen überzeugen wollen, in eine einfache und schlüssige Formel zu prägen. In der Werbung werden Slogans entwickelt und verbreitet.

Solche Schlagworte sollten kurz, einprägsam und leicht aussprechbar sein (eventuell mit einem eingängigen Satzrhythmus) und die wesentliche Aussageabsicht komprimiert enthalten. Eine ausgezeichnete Kurzformel dieser Art lautete: »Atomkraft – nein danke«. Von der Gegenpartei gab es nichts Vergleichbares. Hervorragend war ebenfalls das Motto der Friedensbewegung in der DDR: »Schwerter zu Pflugscharen«.

Je einfacher die Realität beschrieben wird, das heißt, je weniger Begriffe dafür benötigt werden, desto realitätsferner wird zwar vermutlich die Aussage, aber desto sicherer wird das Bewußtsein anderer Menschen getroffen.

Achten Sie beim Versuch zu überzeugen auf Plausibilität! Eine tiefgreifende und sauber differenzierende Analyse, die nicht plausibel und auf Anhieb einleuchtend ist, wird selbst Fachleute kaum überzeugen.

Nur was klar und verständlich ist, setzt sich durch. Eine sympathisch wirkende Person, die einige wohlgesetzte Worte sagt und in einen umwerfenden Slogan gipfeln läßt, wird die Zuhörer stärker beeinflussen als eine Horde von wissenschaftlichen Experten mit ihrem Fachchinesisch.

Wecken Sie auch bei Ihren Gesprächspartnern Realitätsbewußtsein. Rütteln Sie andere Menschen aus ihren Denkgewohnheiten auf und zeigen Sie, wo die alten Begrifflichkeiten und Gewohnheiten nicht ausreichen, um bestimmte Phänomene hinreichend zu erklären.

Wenn Sie zwei alternative plausible Erklärungen der Realität vorstellen, können Sie daraus eine dritte entwickeln, welche die Unvollkommenheit und Schwächen der beiden anderen in sich aufhebt und auflöst.

Indem Sie anderen Menschen die Einseitigkeit und Mangelhaftigkeit ihrer Gedankensysteme aufzeigen, schaffen Sie die Voraussetzung, Ihre eigenen Vorstellungen als Lösungen anzubieten.

Eine Möglichkeit dafür liegt darin, ein Problem zu nennen, zu zeigen, wie man es nicht lösen kann und dann die eigene Lösung zu präsentieren.

Aus der Analyse eines Problems mit anderen als den üblichen oder vom Gesprächspartner vorgeschlagenen Begriffen werden sich neue Lösungsmöglichkeiten und Handlungsziele ableiten lassen.

Die Realität existiert als Einheit. Jeder Versuch, Fakten zu erheben, setzt schon einen Interpretationsrahmen voraus, durch den die Realität gegliedert und geordnet ist. Für jede Position lassen sich demnach »Fakten« zitieren, je nach der Intention des Auswählenden.

Entscheidend, aber für Zuhörer schwer zu beurteilen, ist das Gewicht der einzelnen Fakten im Gesamtzusammenhang der Realität. Darin liegt heute das Problem der riesigen Informationsflut, die auf den einzelnen einstürzt. Es fällt schwer, Wesentliches und Unwesentliches voneinander zu scheiden. So geschieht das scheinbar Paradoxe: Trotz aller Informationen sind wir nicht informiert, oder: Vor lauter Bäumen sehen wir den Wald nicht mehr.

Da die Realität nicht eindeutig erkennbar ist und diese Tatsache bei vielen Menschen Unwohlsein hervorruft, werden sie entsprechend dankbar sein, wenn man ihnen sagt: So und so ist es. Insbesondere Menschen ohne starken Drang zu Selbständigkeit und ausgeprägter Individualität lassen sich so leicht beeinflussen. Sie erhalten eine Antwort und werden eigener Ungewißheit enthoben. Unter Umständen werden sie sich dem Antwortgeber sogar verpflichtet fühlen.

Besonderen Erfolg wird ein Sprecher haben, der bereits Autorität genießt oder sich auf eine anerkannte Autorität berufen kann.

Es ist möglich, die Realität zu verändern, wenn man über veränderte Sprachregelungen eine neue Realitätseinschätzung bei Menschen erreicht. Gelingt es, anderen Menschen etwas als Realität glaubhaft zu machen, so werden sie sich entsprechend dieser Vorstellung verhalten. Das, was behauptet wurde, kann dadurch real werden.

Beispiel: Wenn über ein Unternehmen das Gerücht ausgestreut wird, es sei in Zahlungsschwierigkeiten, kann es daran zugrunde gehen.

Wenn jemand etwas, das andere Menschen für wünschenswert halten, glaubhaft als gefährdet oder nicht gegeben aufzeigt, besteht Wahrscheinlichkeit, daß diese Menschen sich dafür einsetzen, daß es wirklich werde.

Ebenso kann etwas als wünschenswert gezeigt werden, um dadurch andere zu bestimmten Handlungen zu veranlassen. So wird aus Meinungen und Überzeugungen heraus die Welt gestaltet.

§ 2 Möglichkeiten symbolischer und bildhafter Realitätsabbildung

Je komplexer und unerkennbarer die Realität ist, desto dringender erscheint es, Hilfskonstruktionen für das Bewußtsein zu entwickeln, mit denen wir doch Zugang zur Wirklichkeit bekommen. Was wir nicht direkt erfassen können, können wir mindestens analog, indirekt und vergleichend zu begreifen suchen. Um leichter nachvollziehbar zu sein, werden diese Parallelabbildungen aus einfacheren und vertrauteren

Bereichen stammen als das, was abgebildet werden soll. Das Entfernungs- und Größenverhältnis von Sonne und Erde ließe sich abstrakt durch Zahlen, z. B. soundsovielfache Erd- oder Sonnengröße, darstellen, aber auch in einem anschaulicheren Vergleich: Die Größe der Sonne verhält sich zur Größe der Erde wie eine Kugel von einem Meter Durchmesser zu einer Erbse im Abstand von der Länge eines Fußballplatzes.

Menschen verlangen danach, Dinge sinnlich zu erfahren. Mit einer abstrakten Sprache ist da nur wenig Aufmerksamkeit und Interesse zu gewinnen. Wirkungsvoller ist es, die Vorstellungskraft seiner Gesprächspartner mit einzubeziehen und ihnen Sachverhalte in bildhaften Vergleichen zu bringen. Dabei werden die Vergleichsbilder oft selbst überhaupt nichts mit dem eigentlichen Sachverhalten zu tun haben. Wenn sie aber taugen, möglichst viele Aspekte eines Sachverhalts anschaulich zu vermitteln, dann erfüllen sie ihren Zweck.

Beispiel: Manche Menschen sind wie unbehauene Feldsteine: grobe Klötze; andere dagegen gleichen geschliffenen Edelsteinen: sie sind durchsichtig und klar.

Wenn in einem Bild ein Sachverhalt konzentriert »zusammengeballt« enthalten ist, dann nennt man einen solchen Bildvergleich »Symbol« (griech.: synballein = zusammenballen). Bilder und Symbole dienen aber nicht nur der Realitätsabbildung sondern erleichtern auch die Kommunikation. Bilder sind leichter zu transportieren, sie sind konkret, sie sprechen die Gefühlsdimension besser an als abstrakte Begriffe und sie erzeugen eine visuelle Vorstellbarkeit. In Konkurrenz mit nüchternen Sachaussagen werden sich bild- und symbolhafte Aussagen fast immer besser durchsetzen. Dabei brauchen sie nicht einmal bis ins Detail ausgemalt zu werden. Oft ist es sogar vorteilhafter, durch das Angebot eines Bildes die Vorstellungskraft seiner Gesprächspartner und Zuhörer nur anzuregen, damit sie Bilder aus ihrer eigenen Fantasie beisteuern.

Eine bildhafte Kommunikation kann ohne Fotos etc. auskommen. Bilder sind auch allein sprachlich vermittelbar. Die meisten Redensarten sind bildhaft formuliert. (»Pack Dich an die eigene Nase!«, »auf jemandem herumtrampeln«, »jemandem aufs Dach steigen« usw.) Auch viele Slogans der Werbung enthalten Bilder und Symbole. Oft aber wird auch auf Worte verzichtet und ein Symbol nur per Abbildung kommuniziert. In der Werbung wird insbesondere versucht, einem bestimmten Produkt, z. B. einer Zigarette, Bilder zuzuordnen, die dieses Produkt in einen positiven Zusammenhang stellen. Wenn diese Bilder Zusammenhänge stiften, die real gar nicht vorhanden sind, dann beginnt genau da die Manipulation. »Zigarette und Segelboot« haben von der Sache her z. B. nichts miteinander zu tun. »Milch und Kuh« dagegen (bisher noch) wohl.

In der Werbung werden nun besonders solche Bilder bevorzugt eingesetzt, die bestimmte Gefühlswerte in sich tragen. Damit wird versucht, an die inneren Verhaltensmotive von Menschen heranzukommen. Es werden z. B. Ängste geweckt, um etwas, von dem behauptet wird, daß es diese Angst mindert, zu verkaufen. Es werden Sehnsüchte und Hoffnungen geweckt, um sie mit einem Produkt zu befriedigen. Das ist grundsätzlich legitim und entspricht der Psycho-Logik jedes Überzeugungsprozesses. Es wird dann manipulativ, wenn die hergestellten Zusammenhänge künstlich sind und nur noch Illusionen und Täuschungen erzeugen, die keinen Realitätsbezug zum angepriesenen Produkt bzw. zum Gehalt einer Botschaft haben.

Wenn Sie eine Illustrierte durchblättern, finden Sie diese Technik vielfach angewandt:

- *Negative Bilder* (Angst)
- *Kopfschmerzen*
  Bild: Ein zerfurchtes, müdes, abgespanntes Gesicht, Hand an der Stirn.
  Abwehr: Kopfschmerztabletten.

– *Erkältung*
Bild: Ein Mann mit einer Karnevalskappe (das bedeutet einen wichtigen Anlaß, zu dem man sich keine Erkältung leisten kann).
Abwehr: Erkältungsdragees.

– *Pickel*
Bild: Ein prickliges Mädchengesicht erschrocken vor einem Spiegel.
Abwehr: Eine Creme gegen Pickel.

– *Sodbrennen*
Bild: Zeichnung eines Magens mit leidend saurem Gesicht.
Abwehr: Medikament gegen Sodbrennen.

– *Haarausfall*
Bild: Ein Kamm, in dem Haare hängen.
Abwehr: Ein Haarwasser.

• **Positive Bilder**

– *Kaffee*
Bild: Ein gepflegt gedeckter Tisch mit kostbarem Geschirr, ausgewähltem Gebäck und zwei lächelnden Personen, die in ihrem Kaffee rühren.

– Französischer Cognac
Bild: Eine stimmungsvolle Abendaufnahme des Eiffelturms, im Vordergrund ein seriös wirkendes lächelndes Paar auf dem Balkon eines exklusiven Appartements mit gefüllten Cognac-Gläsern in den Händen.

– *Eine »moderne« Zigarette*
Bild: Drei lachende junge Leute, die aus einem Flugzeug steigen.

– *Eine Zigarette*
Bild: Vier junge Leute in einem Ballon fliegend, der in den Farben der Zigarettenpackung gehalten ist.

– *Ein »dynamisches« Auto*
Bild: Im Hintergrund eine afrikanische Steppenlandschaft, im Vordergrund der angepriesene Wagen.

- *Eine Versicherung*
  Bild: Ein zufrieden malendes Kind, Unterschrift: »Nennen Sie es Vorsorge – wir nennen es Liebe.«
- *Ein aufregend »prickelnder« Sekt*
  Bild: Ein Trommelwirbel.
- *Ein Weinbrand*
  Bild: Ein schwach erleuchteter Raum, ein Kaminfeuer, davor zwei in Sesseln sitzende Herren mit Gläsern in der Hand. In der Unterschrift ist von »Kennern« die Rede.
- *Mode*
  Bild: Eine Frau mit den Füßen im Wasser stehend, die mit einem Stock das Wasser zu einer hohen Fontäne aufpeitscht. Unterschrift: Unsere Mode wird immer spritziger.
- *Ein Fotoapparat*
  Bild: Eine romantisch kitschige Weihnachtslandschaft mit Kapelle und Weihnachtsbaum, davor ein Fotografierender.
- *Ein Männerparfüm*
  Bild: Ein Mann, dem sich von hinten eine Frau nähert.
- *Wärmepumpen*
  Bild: Zwei lachende Kinder, Hand in Hand laufend. Unterschrift: Schenken Sie Ihren Kindern eine warme Zukunft.

Wie Sie mit bildhafter Sprache beeinflussen können

Wenn Sie zu anderen Menschen sprechen, sollten Sie versuchen, deren Aufmerksamkeit durch plastisch bildhafte Schilderungen zu fesseln. Sie schaffen dadurch für die Hörer einen leichten Einstieg und regen deren Fantasie an.

Wählen Sie Bilder, die für Ihre Hörer in jedem Fall verständlich sind und eventuell ihre unbewußten oder geheimen Wünsche, Träume, Sehnsüchte oder auch Ängste und Befürchtungen streifen und aktivieren.

Indem Sie eine Saite eines Instrumentes anschlagen, bringen Sie dadurch auch benachbarte Saiten zum Mitschwingen.

Wenn Sie eine Saite allerdings zu stark bearbeiten, könnte sie mit einem Mißklang reißen.

Wenn Ihre Ausführungen zu abstrakt geworden sind, führen Beispiele wieder auf den Boden des Konkreten und Vorstellbaren zurück. Sie könnten damit allgemein gehaltene theoretische Aussagen verdeutlichen und belegen. Beispiele finden größere Aufmerksamkeit und werden leichter akzeptiert. Logisch gesehen kann man mit Beispielen zwar nichts beweisen, psychologisch wirken gute Beispiele oder Vergleiche allerdings meist stärker als logisch zwingende Beweisketten. Eine Widerlegung durch ein einziges Gegenbeispiel ist logisch hingegen möglich.

Vereinfachung kann Klarheit schaffen. Klarheit ist immer einfach. Vereinfachung ist insofern kein Mangel, sondern oft eine größere Leistung als die komplexe theoretische Wiedergabe eines Sachverhalts. Als Mittel der Vereinfachung dienen vor allem Bilder und Vergleiche. Damit erreichen Sie das Interesse und Verständnis Ihrer Gesprächspartner und Zuhörer am besten.

Je häufiger ein bildhafter Vergleich gebraucht wird, desto stärker verliert er an Kraft. Er geht über die Zunge, ohne daß man sich viel dabei denkt. Die Vorstellungskraft wird nicht eigens aktiviert. Dennoch wirken solche Bilder unbewußt fort und lösen Gefühle aus. Deshalb ist es sowohl sinnvoll, bereits bekannte und geläufige Bilder zu verwenden, als auch neue zu erdenken und damit Aufmerksamkeit neu zu locken.

Originalität kann den eigenen Worten dadurch verliehen werden, daß man bekannte Redensarten verfremdet oder durch minimale Veränderungen ihren Sinn entstellt, ohne daß sie dadurch aber unbegreiflich wären.

Der Unterschied der Darstellungsweise der Zahl 5 durch

oder durch die arabische oder römische Ziffer 5 oder V oder durch Ausschreiben – fünf – besteht darin, daß die letzteren erklärungsbedürftige Zeichen für die Zahl sind und bekannt sein müssen, derweil die ersten Darstellungen bildhaft und darum unmittelbar verständlich sind. So wird ja auch im Rechenunterricht damit begonnen, daß die Kinder mit Gegenständen rechnen: fünf Äpfel und drei Äpfel sind acht Äpfel. Offenbar sind außerordentliche Abstraktionsleistungen erforderlich, bis jemand die Gleichung $5 + 3 = 8$ versteht.

»Eine weitere Subvention für die deutsche Wirtschaft wäre ein Tropfen auf den heißen Stein«; »Er ist stark wie ein Bär«. Diese Vergleiche knüpfen an Bekanntem an. »Er ist langsam wie eine Schnecke« hat nur dann einen Sinn, wenn man weiß, was eine Schnecke ist und wie schnell sie sich fortbewegt.

Sofern Sie sich auf eine Rede, ein Referat, einen Vortrag vorbereiten können, sollten Sie Ihre Bilder sorgfältig auswählen.

Achten Sie darauf, daß Ihre Beispiele und Bilder das von Ihnen Gemeinte tatsächlich illustrieren und charakterisieren.

Erzählen Sie eine Geschichte nicht bloß um des erwarteten Effektes willen und weil sie beim letzten Kegelabend, als alle schön in Stimmung waren, gut angekommen ist.

Bilder wirken leicht verkürzend. Sie spiegeln meist nur eine Ebene eines Sachverhaltes, welcher aber auch andere Dimensionen hat. Auch diese gilt es zu berücksichtigen.

Vorsicht, daß Sie sich nicht selbst den Blick dafür verstellen!

Bei einem größeren Publikum setzt sich meist der besser durch, der bildhafter und anschaulicher formuliert. Welcher von zwei Blinden, die auf der Straße um Spenden bitten, wird wohl die höheren Einnahmen haben: der mit dem Schild: »Unterstützt einen Blinden« oder derjenige, der auf sein Schild schrieb: »Es ist Frühling, und ich bin blind«?

Auch die meisten Sprichwörter und Sprüche gehören in den Bereich des bildhaft Konkreten. Sie stammen aus meist sehr konkreten Erfahrungsbereichen und lassen sich vielfach verwenden.

Eine weitere Möglichkeit der Verbildlichung besteht in der Personifikation abstrakter Begriffe.
Etwa: Die deutsche Wirtschaft leidet unter zunehmendem äußeren Konkurrenzdruck.
Der Dollar erholt sich.
Die freie Welt wird nicht dulden...

Bilder sind ein wirksames Mittel, um Meinungen und Ansichten durchzusetzen oder Produkte zu verkaufen. Sie schaffen einen relativ einfachen Kommunikationsfluß. Dadurch können sie auch recht gefährlich werden. Sie nehmen das Denken leicht gefangen.

Mit Bildern läßt sich vieles plausibel machen, ohne daß jemand auf die Idee käme, es gäbe eine andere Möglichkeit. Für mündige Menschen ist darum Reflexion über die begegnenden Bilder geboten. Um der Eindimensionalität bildhaften Sprechens zu entkommen, muß die Frage nach anderen Blickwinkeln und Dimensionen eines Sachverhalts gestellt werden.

Hilfreich sind dazu die Fragen:
Was wird vorausgesetzt, wenn behauptet wird...?
Welche Konsequenzen ergäben sich daraus?
Was ist das Ziel dessen, der dies gesagt hat?
Was ist mein Ziel, und was setze ich voraus?

Fragen Sie sich auch, auf welche Bilder Sie besonders stark reagieren. Je leichter Sie auf etwas anspringen, desto anfälliger sind Sie an diesem Punkt für Manipulation. Am konkret Bildhaften hängen Gefühle; wer diese zu wecken vermag, nimmt dadurch auf Ihr Verhalten Einfluß.

Versuchen Sie, sich darüber klarzuwerden, welche Gefühle von anderen Menschen bei Ihnen angesprochen werden.

Bei einer Kundgebung »Gegen Tierversuche« hatten sich viele Hundebesitzer mit jungen Hunden eingefunden. Jeder Passant war natürlich von den »süßen kleinen Hunden« so fasziniert, daß es für die Veranstalter leicht war, viele Unterschriften für ihr Anliegen zu sammeln.

Wären die Veranstalter mit Ratten aufgetreten, mit denen ja ein großer Teil von Tierversuchen durchgeführt wird, sie hätten nur einen Bruchteil der erreichten Unterschriften erhalten.

Versuchen Sie einmal, ein angepriesenes Produkt ohne das hinzugefügte Bild zu sehen: die Zigarette eben als Zigarette, den Cognac ohne das Pariser Flair als irgendeinen Weinbrand, vergessen Sie für einen Augenblick einmal die schöne Flasche, und stellen Sie ihn sich in einer schäbigen alten Tasse vor. Oder betrachten Sie eine Seife als Reinigungsmittel.

Wenn Sie dann die in der Werbung bildhaft vorgestellte Welt einmal mit Ihrer vergleichen und prüfen, was das angepriesene Produkt Ihnen in Ihrer Welt bedeutet, dann müssen Sie sich fragen, ob Sie nicht vielleicht mit einem Stück Seife in Wirklichkeit die Illusion der »wilden Frische« einer Ozeanbrandung kaufen? Ob Sie mit einer Zigarette die Illusion von Freiheit und Abenteuer, die Illusion von der großen weiten Welt kaufen?

Ist es wirklich die Zigarette, oder das Produkt, das Sie kaufen, oder ist es etwas, das Ihnen zugleich mit dem Produkt suggeriert wird, ein Image, eine Sehnsucht, die Erfüllung eines Traums? Er wird nicht erfüllt werden. Wenn Sie das begreifen, können Sie viel Geld sparen.

Ein weiterer Aspekt von Sprache, der wie die Bilder auf die Vorstellungskraft zielt und die Einprägsamkeit steigert, ist das »Klangbild« von Aussagen.

Viele alte Geschichten, Sprüche, Lieder, Sagen sind überliefert anhand vorgeprägter Reime zum Ende einer Zeile. Für die Vortragenden waren diese Reime Anhaltspunkte und Gedankenstützen beim Wiedererinnern, für die Zuhörer Hilfe zum Behalten. Solange keine schriftlichen Überlieferungen vorhanden waren bzw. die Menschen nicht lesen konnten, spielte für die Erinnerung des Inhalts die Strukturierung durch Reime eine wichtige Rolle. Auch heute funktioniert das noch genial gut. Wer kennt nicht die seit Jahrzehnten unvergeßliche Werbung: »Haribo macht Kinder froh«?

Außer den Reimen erleichtert auch die Art der Lautfolge und der Satzrhythmus das Aufnehmen. Nicht jeder sinnvolle Satz ist gleich einprägsam wie ein anderer, gleich langer. Kernsätze, Slogans sollten überprüft werden auf ihre Eignung hinsichtlich dieser sprachlichen Seite. Sie sollten einfach sprechbar sein:

Frieden schaffen ohne Waffen.
Eile mit Weile.
Träume sind Schäume.
Mitgefangen – mitgehangen.
Wer rastet, der rostet.

2. Sprache als Medium eines kollektiven gesellschaftlichen Bewußtseins (WIR)

Eine Gesellschaft existiert auf der Grundlage des Bewußtseins, das ihre Mitglieder in der Vergangenheit gehabt haben. Es hat sich in der Sprache niedergeschlagen, ihre Strukturen und ihren Wortschatz geprägt. Diese Herkunft aus der Vergangenheit macht die Tradition einer Gesellschaft aus. Wir Menschen sind auf solche Traditionen stärker als die Tiere angewiesen, weil wir keine zureichenden natürlichen Instinkte mehr besitzen und hohe kulturelle Leistungen meistens eine lange Tradition voraussetzen. Indem wir mit der Sprache eine gemeinsame Tradition erwerben, entsteht auch ein gemeinsames kollektives Bewußtsein, das den einzelnen mit seinem individuellen Bewußtsein trägt und umfängt. Welche Bedeutung das hat und welche Möglichkeiten der Beeinflussung sich daraus ergeben, wird in § 3 **Sprache als Tradition** gezeigt.

Darüber hinaus dient die Sprache innerhalb einer Gesellschaft zur Aufrechterhaltung des Kontakts und Zusammenhalts. Sie reflektiert und spiegelt zugleich die gegenwärtigen Bewußtseinsinhalte, Einstellungen und Wandlungsprozesse innerhalb einer Gesellschaft und läßt den einzelnen Sprecher daran aktuell teilhaben. § 4 **Sprache als gemeinsames Band** handelt darüber und wie man sich vor Knoten und Rissen in diesem Band schützen kann.

§ 3 Sprache als Tradition

In diesem Abschnitt soll Sprache als Trägerin von Traditionen vorgestellt werden, durch die sie ständig auf die Gesellschaft einwirkt.

In einem *allgemeinen* Sinn ist Sprache selbst, noch bevor sie Inhalte aussagt, Tradition.

Bereits mit dem ersten Spracherwerb beginnt ein Mensch, sich in Traditionen hineinzuleben. Die gemeinsame Sprache ist eine erste Tradition. Sie läßt sich über Jahrhunderte (zum Teil in veränderten Formen) zurückverfolgen und verbindet uns mit unseren Vorfahren.

Einem kleinen Kind werden Einstellungen und Voreingenommenheiten zur umgebenden Welt durch Sprache vermittelt, wenn ihm seine Eltern beispielsweise sagen: »So und so ist das.« – Das Kind glaubt daran, weil es keinen Grund hat, an der Aussage seiner Eltern zu zweifeln. Und wenn das Kind fragt, warum etwas so sei, so tradieren ihm die Eltern in ihren Antworten Einstellungen, die sie selbst teilweise auf ähnliche Art erworben haben.

Aber auch Erfahrungen, die jemand selbst gemacht hat, führen bei einer Person zu einer Art von Tradition, die ihr künftiges Verhalten prägt. Außerdem schlagen sich Denkgewohnheiten von Gruppen und Generationen in der Sprache nieder. In ihnen verbergen sich Weltbilder. Damit überliefert Sprache durch die Art ihres Wortschatzes und ihrer Strukturen immer zugleich mehr als sich selbst: Denkmöglichkeiten und Denkunmöglichkeiten.

Es ist nur das möglich zu denken, was im Rahmen unserer Sprache sprech-möglich ist. Anderes scheidet für das Denken als nicht in Betracht kommend aus. Was lange nicht in einer Gesellschaft gedacht wurde, kann möglicherweise eines Tages nicht mehr gedacht werden, *weil* die dazu nötigen Denkwerkzeuge der Sprache längst ausgeschieden worden sind.

In diesem Sinn übermittelt Sprache einen kollektiven Erfahrungsschatz und mit ihm Dispositionen zu bestimmtem Handeln. Wie wesentlich solche Dispositionen sind, zeigt sich beispielsweise daran, daß gewisse Erfindungen erst möglich waren, nachdem das allgemeine Bewußtsein einen bestimmten Stand erreicht hatte. Manche Erfindungen wurden nahezu gleichzeitig an verschiedenen Orten gemacht, nachdem die Voraussetzungen dafür gegeben waren.

Ein herausragendes Beispiel für Denkunmöglichkeiten und das Ausscheiden nicht mehr benötigter sprachlicher Werkzeuge ist im kirchlichen Sprachgebrauch gegeben: Darin wird eine große Zahl von Worten verwandt, die in der Umgangssprache ungebräuchlich geworden sind: Königtum, Huld, Gnade, Milde, Güte, Gunst, Herrschaft (positiv), gewähren, flehen, erbarmen etc.

Es stellt sich die Frage, ob mit dem Ausscheiden dieser Worte aus dem allgemeinen Sprachgebrauch die Dimension des Göttlichen undenkbar geworden ist. Viele Kirchenvertreter neigen dazu, mit »Ja« zu antworten und klammern sich an altvertraute Begriffe. Sie fürchten, das Heilige gehe sonst in einer profanen Welt verloren.

Andererseits muß man fragen, ob es heute noch möglich ist, von Gott verständlich in feudalen Begriffen zu reden. Wenn zudem noch behauptet wird, diese Begriffe seien die einzig möglichen und zulässigen Begriffe, um von Gott zu sprechen, kann der Widerstand nur wachsen. Erforderlich wäre heute eine neue Begrifflichkeit. Wenn in der Esoterik-Szene von Lebensenergie, kosmischer Energie und von Schwingungen die Rede ist, handelt es sich um eine solche neue Sprache, die den veränderten Ansprüchen heutiger Menschen entspricht. Sie wollen nicht mehr glauben, sondern vor allem selbst erfahren.

Neben den kollektiven Erfahrungen werden in der individuellen Sprache auch individuelle Erfahrungen aufgenommen und umgesetzt. Erfahrungen, Absichten, Interessen führen dazu, daß Gegenstände und Situationen in spezifischem Licht erscheinen. Nicht wie sie sind, sondern hinsichtlich ihrer subjektiven Bedeutung für den Betrachter. All das wirkt sich in Sprache aus und durch sie in Bereiche der Gesellschaft.

In einem *speziellen* Sinn vermittelt Sprache Traditionen durch die Inhalte ihrer Aussagen. Was wir an Wissen erwerben, wird uns zum großen Teil sprachlich vermittelt. Jedes Buch transportiert sprachlich, und jedes Gespräch hat einen inhaltlich-informativen Aspekt.

Die manipulative Wirkung von Redensarten und Sprichwörtern

Besonders deutlich haben sich Bewußtseinsinhalte in Sprichwörtern, Bauernregeln, Volksweisheiten, Redensarten, Geschichten, Legenden und Märchen niedergeschlagen. In ihnen wird Sprache im eigentlichen Sinn zum Übermittler von Tradition. Auffallend sichtbar besonders deshalb, weil sich zeigen läßt, daß ein großer Teil solcher Überlieferungen sich über Jahrhunderte trotz vornehmlich mündlicher Weitergabe nahezu unverändert erhalten hat.

Die Formelhaftigkeit solcher Überlieferungen spielt dabei eine entsprechende Rolle: Einmal in eine gelungene sprachliche Form gegossen, wird ein Sprichwort von Generation zu Generation vererbt. Trotz oder wegen der hauptsächlich mündlichen Überlieferung sind solche geflügelten Worte auch heute lebendig.

Der Unterschied zwischen Sprichwörtern und Redensarten besteht vor allem in Form, Struktur und Funktion.

Während ein Sprichwort als abgeschlossener Satz in fester, unveränderlicher Formulierung existiert, besteht eine Redensart als idiomatischer Ausdruck, der variabel ist und keinen selbständigen Satz ausmacht. Er muß in einen anderen Satz eingebaut werden.

Beispiele: Eine Katze im Sacke kaufen; jemanden oder etwas durch den Kakao ziehen.

Entstehungszeit eines beachtlichen Teiles der Sprichwörter ist eine vorliterarische Zeit. Sie wurden aus mündlichen Überlieferungen entnommen und waren schon lange gebräuchlich und verbreitet, bevor sie erstmals aufgeschrieben wurden.

In Sprichwörtern werden in knapper, komprimierter Form Erfahrungen mit dem Anspruch auf Allgemeingültigkeit weitergegeben. Im Laufe der Zeit wurden sie so lange umformuliert, bis sie mundgerecht waren. Der Grundstock heutiger europäischer Sprichwörter geht bis weit in die Antike zurück. In der antiken griechischen und lateinischen Literatur sind viele von ihnen überliefert. Selbst in Hieroglyphenschriften finden sich Sprüche aufgezeichnet, die bis heute verwendet werden.

Viele Sprichwörter und Redensarten sind auch durch die Bibel, als dem meistgelesenen Buch, überliefert und von der Volkssprache daraus aufgegriffen worden.

Beispiele aus der Bibel: Gott gibt es den Seinen im Schlaf (Psalm 126,2); Wer anderen eine Grube gräbt, fällt selbst hinein (Sprüche 26,27); Der Mensch lebt nicht vom Brot allein (Matthäus 4,4); Wes das Herz voll ist, des geht der Mund über (Matthäus 12,34); Der Mensch denkt, Gott lenkt (Sprüche 16,9).

Solche biblischen Sprichwörter sind so geläufig, daß sie zu den bekanntesten überhaupt gerechnet werden können. Um ihren biblischen Charakter allerdings weiß kaum jemand.

Da Redensarten nicht wie Sprichwörter in fester Form bestehen, lassen sie sich leichter in aktuelle Sprache eingliedern. Sie werden deshalb häufiger verwendet als Sprichwörter und zudem stärker unbewußt.

Beiden gemeinsam ist die Bildhaftigkeit des Ausdrucks. Sie versteigen sich nicht in Abstraktionen, sondern bleiben in der konkreten Vorstellungskraft.

Für Streit und Zank heißt es: In der Küche gibt's zerbrochene Töpfe; für Schwatzhaftigkeit: Leere Schachteln klappern am lautesten. Konkreter als: Mit Lügen kommt man nicht weit, ist: Lügen haben kurze Beine. Man sagt auch nicht: Man kann zwei Tätigkeiten, die sich ausschließen, nicht gleichzeitig verrichten, sondern: Man kann nicht gleichzeitig auf zwei Hochzeiten tanzen.

Gemeint ist demnach in Sprichwort und Redensart nur selten das konkret Gesagte. Meist haben sie eine leicht verständliche Bedeutung. Diese kann allenfalls im Lauf der Zeit verlorengegangen oder unverständlich geworden sein, wie es bei vielen alten Sprichwörtern der Fall ist.

Andere Sprichwörter projizieren menschliche Eigenschaften in Tiere hinein. Sie werden aber konkret nicht auf Tiere, sondern nur auf Menschen und deren typische Verhaltensweisen angewandt. Beispiele: Eine Krähe hackt der anderen kein Auge aus; Die Katze läßt das Mausen nicht.

Praktische Bedeutung kommt den Sprichwörtern und Redensarten dadurch zu, daß sie eine Autorität mit sich tragen, auf die sich der Anwender stützen kann.

Einem Sprichwort kommt dabei als umfangreicherem und in sich geschlossenem Element einer Aussage höhere Autorität zu als einer Redensart. Diese Autorität liegt weniger im Inhalt, sondern in der Formelhaftigkeit. Die Formel wird als allgemein bekannt und akzeptiert wiedererkannt. Aufgrund anerkannter Autorität wird eine weitere Argumentation überflüssig.

Darin liegt eine wichtige Funktion formelhafter Rede: Zweifel auszuschalten, Handeln abzusichern und Sicherheit zu geben.

Überlegen Sie einmal, wie oft Sie sich schon in Situationen, in denen Sie nicht sicher wußten, wie Sie sich verhalten sollten, durch ein Sprichwort, eine alte Weisheit oder eine Redensart geholfen haben oder damit auch nachträglich eine Handlung gerechtfertigt haben.

Außer im gesprochenen Wort finden sich heute auch im geschriebenen Wort, vor allem in Zeitungen und Zeitschriften, vielerlei Redensarten wieder. Ihre Bildhaftigkeit kommt dabei dem Streben der Schreiber nach allgemeiner Verständlichkeit entgegen. Zudem verlebendigen sie die gesamte Ausdrucksweise.

Häufig dienen als Schlagzeilen verwendete Redensarten dem Blickfang. Eine Redensart, nicht in einem Zusammenhang eingebettet, verlangt geradezu nach Ergänzung. Ein Leser, der durch eine solche Überschrift neugierig gemacht wurde, wird zumindest die ersten Sätze eines Artikels lesen.

Einige Überschriften aus der Wochenzeitschrift »Die Zeit« lauteten: Nicht die Finger verbrannt; Vor die Tür gesetzt; Aufs Kreuz gelegt; Von der Hand in den Mund; Gefundenes Fressen; Durch die Maschen des Gesetzes.

Überall liegt zumindest die Frage »Wer?« nahe; darüber hinaus läßt sich fragen: warum, wo, wie, wann? etc. In diesen Beispielen wird die Redensart unverändert übernommen. Der Bildgehalt bleibt dabei erhalten.

Oft wird auch der ursprüngliche Wortlaut einer Redensart für eine Schlagzeile (eines Artikels, aber auch bei der Werbung) variiert, wodurch die Aussage noch mehr Aufmerksamkeit gewinnt:

Beispiel: Anläßlich der Herbstmodenvorstellung: Paris zeigt die warme Schulter.

Auch und besonders die Werbefachleute gebrauchen gern geläufige Sprichworte und Redensarten sowie deren Abwandlungen.

Beispiel: Frohe Hi-Fi-nachten.

Will jemand ein unbekanntes, neues Produkt anbieten, wirkt es vorteilhaft, dies Produkt mit einem bekannten Sprichwort oder einer Redensart vorzustellen, denn

- der angesprochene potentielle Käufer kann die Redensart, als etwas Vertrautes empfinden und dies positive Gefühl mit dem angepriesenen Produkt verbinden;
- der Konsument erkennt etwas Bekanntes und mit diesem empfindet er zugleich das Produkt als bekannt. Was aber als bekannt gilt, kommt leicht in den Ruf, auch gut zu sein;
- in dem Maß, in dem sich ein angesprochener Kunde mit einem Werbespruch identifiziert, mag er auch bereit sein, sich mit der Ware zu identifizieren.
- Die Autorität eines Sprichwortes bzw. einer Redensart kann sich in der Wahrnehmung der Zielperson(-gruppe) mit dem Anbieter oder dem Erzeugnis verbinden und ihm einen

höheren Wert verleihen. Dadurch wird die Kaufentscheidung leichter zugunsten dieses Produktes ausfallen.

Zusammenfassend läßt sich sagen:
Unser Verhalten, ja, das Verhalten der ganzen Gesellschaft ist in vielen Bereichen durch ein Bewußtsein geprägt, das nicht bloß das unsere ist, sondern grundlegend auch ein Bewußtsein, in dem Erfahrungen vieler früherer Generationen aufbewahrt sind und das uns wesentlich durch Sprache vermittelt wurde.

An diesem Erfahrungsschatz haben wir einerseits eine wertvolle Vorgabe, weil wir nicht alle Erfahrungen wiederholen und selber machen müssen.

Andererseits aber sollte nicht übersehen werden, daß es auch notwendig sein kann, sich von alten Erfahrungen und Traditionen zu befreien und über sie hinauszuwachsen. Letzteres ist nur möglich in der ständigen Auseinandersetzung mit Traditionen.

Diese Überprüfung verlangt sowohl die Bereitschaft, Brauchbares zu akzeptieren, aber auch die Freiheit und Offenheit, sich von sinnlos gewordenen Traditionen zu trennen. Wenn das auf der Grundlage neuer eigener Erfahrungen und deren kritischer Reflexion geschieht, darf man auf Weiterentwicklung hoffen.

Anwendungsbeispiele

»Die Grenzen meiner Sprache sind die Grenzen meiner Welt«, schreibt Ludwig Wittgenstein. Wenn Sie also Ihre sprachlichen Grenzen weiten, können Sie die Möglichkeiten Ihres Denkens zu vermehren.

Das kann z. B. durch das Erlernen von Fremdsprachen geschehen. Mit jeder neu erworbenen Sprache bieten sich neue Perspektiven an.

Andererseits aber läßt sich auch die Beherrschung der Muttersprache ausbauen. Dazu trägt das Lesen von Artikeln oder Büchern, die man nicht auf Anhieb versteht, bei.

Es gilt, an den eigenen Grenzen zu arbeiten. Wer Schwierigkeiten hat, sich auszudrücken, sollte üben, über anspruchsvolle Themen frei zu sprechen.

Unser Leben, unsere Gesellschaft, baut auf Altem auf. Das Hinhören auf alte Traditionen kann deshalb Klarheit für gegenwärtige Umstände und Probleme bringen. Das ist noch lange kein Grund, mit der Floskel »Das war schon immer so« zu argumentieren.

Ebenso wirkungsvoll, aber unsinnig ist die Redensart »Heute ist das eben alles anders«. Mit diesen Wendungen mag es zwar gelingen, andere zum Schweigen zu bringen, aber überzeugen wird man sie damit kaum.

Falls Ihnen gegenüber jemand argumentiert:
»Das war schon immer so!« könnten Sie antworten:
»Ja, aber die Zeiten haben sich geändert« oder:
»Ja, aber muß es deshalb so bleiben?«
Und wenn jemand sagt: »Heute ist das eben alles anders:« können Sie entgegnen: »Alles? Es scheint so, aber sollte man nicht Bewährtes übernehmen?«

Wenn Sie einmal auf Sprichwörter und Redensarten im alltäglichen Sprachgebrauch achten, können Sie deren Funktion im Zusammenhang ihrer Verwendung prüfen. Vermutlich ersetzen sie meist eine ausführliche Argumentation oder beugen einer Diskussion vor.

Versuchen Sie, diese Diskussion gegebenenfalls doch zu führen.

Auf Sprücheklopferei reagieren Sie am besten, indem Sie auf einer sachlichen Ebene betont ernst argumentieren.

Hinterfragen Sie das, was durch eine solche Redensart behauptet wird, daraufhin, ob es für die betreffende Situation wirklich zutrifft, oder ob nicht eine besonders bildhafte Formulierung den Blick gefangennimmt.

Prüfen Sie sich, inwieweit Sie selbst auf Redensarten und Sprichworte reagieren und wie häufig Sie selbst solche Wendungen gebrauchen. Es geht hier nicht darum, Sprichworte als etwas Negatives darzustellen, sondern darum, sich vor Manipulationen durch sie zu schützen.

Wenn Sie häufig selbst Sprichworte zur Begründung von Entscheidungen oder Aufforderungen verwenden, läßt das auf eine argumentative Schwäche schließen.

Die Anwendung von Sprichworten und Redensarten bedeutet auch eine bildhafte und plastische Ausdrucksweise. Das wirkt teilweise sicherlich positiv. Hüten Sie sich aber davor, daß Ihr Sprechen durch zu viele Formeln flach und oberflächlich wird.

Je mehr Formeln Sie verwenden, desto geringer ist die Aktualität und Originalität Ihres Sprechens. Bekannte Floskeln führen dazu, daß angesprochene Personen nur noch mit halbem Ohr zuhören. Halten Sie deshalb Maß.

Sprichwörter können durchaus angewandt werden zur Illustration oder zur originellen knappen Zusammenfassung eines Gedankenganges. Sie sollten sie nicht als einzige Autorität berufen oder in Äußerungen anderer akzeptieren.

Einleitend oder am Rand eingestreut können Sie durch Sprichworte Ihren Gesprächspartnern/Zuhörern Identifikationsmöglichkeiten anbieten. In vielen Fällen kann der Bildgehalt eines Sprichwortes zur plastischen Verdeutlichung dienen.

Originell wirkt es, wenn Sie mit einem Sprichwort so jonglieren, daß es durch eine kleine Veränderung seinen Sinn wandelt, aber trotzdem noch erkennbar bleibt.

Mit biblischen Sprüchen läßt sich fast alles beweisen oder widerlegen. Die Bibel eignet sich als Spruch- und Weisheitssammlung für viele Gelegenheiten.

§ 4 Sprache als gemeinsames Band

Aus ihrer Herkunft prägt die Sprache die Gegenwart einer Gesellschaft. Aber eine Gemeinschaft gestaltet auch immer ihre gegenwärtige Sprache und drückt sich darin aus. Die Sprache ist ein gemeinsames Band, sie schafft eine Verbindung zwischen allen, die sie sprechen. Sie ist somit der Raum für gemeinsame Bewußtseinsinhalte. Solange innerhalb dieses Raumes alle offen und aufrichtig miteinander kommunizieren, ist die Welt in Ordnung. Sobald aber innerhalb einer Gruppe oder Gesellschaft Mitglieder gezielte Manipulationsversuche unternehmen, kann das Gleichgewicht der Kommunikation in Gefahr geraten.

Methoden kollektiver Bewußtseinsbeeinflussung

1. Verschleierung durch Sprache

In jeder Gruppe, in jeder Gesellschaft gibt es Gegensätze zwischen verschiedenen Untergruppen, zwischen unterschiedlichen Interessen, Absichten und Erwartungen.

Im Interesse des Gruppenzusammenhalts, im Sinn einer inneren und äußerlichen Geschlossenheit sind nun die Führenden vielfach darauf bedacht, diese Gegensätze vor den Gruppenmitgliedern zu verbergen oder sie in deren Augen geringfügiger erscheinen zu lassen. Das vor allem, wenn die Gegensätze entweder nicht behebbar sind oder die Führenden nicht an der Beseitigung interessiert sind. Das Ziel dabei ist, Auseinandersetzungen zu vermeiden.

Gegensätze solcher Art können sein:
arm – reich;
sozial hochstehend – sozial unterprivilegiert;
führen – geführt werden;
herrschen – beherrscht werden;
links – rechts;
Schüler – Lehrer etc.

Mittels Sprache ist es möglich, solche Gegensätze zu kaschieren.

Statt von verschiedenen »Klassen« spricht man milder von »Schichten« oder »gesellschaftlichen Gruppen«. Statt von »Klassenunterdrückung« redet man dann von den »Problemen gesellschaftlicher Randgruppen«. Früher sprach man auch vom Volkskörper mit seinen unterschiedlichen Gliedern und deren jeweils angemessener Funktion.

Wo aufgerüstet wird, spricht man von »Abschreckung« oder von »Erhöhung der Verteidigungsbereitschaft« oder in Betonung der eigenen Harmlosigkeit – von »Nachrüstung«.

Von jeder Armee, die gerüstet ist, einen Feind zu vernichten, hört man, sie bestehe allein für den Frieden, sie sei eine »Friedensarmee«. Neuerdings gibt es eine »Schnelle Eingreiftruppe für friedenssichernde Maßnahmen«. Erstaunlich ist es auch zu erleben, wie positiv der Begriff »Blauhelme« zur Zeit wirkt. Letztlich ist auch die UNO-»Friedenstruppe« eine Armee. Und welche Armeeführung würde nicht behaupten und glauben, für eine »gute Sache« zu kämpfen?

Die Neutronenbombe – furchtbares Massenvernichtungsmittel – wurde verharmlosend als »saubere Bombe« gefeiert.

Statt »Einmarsch« heißt es verharmlosend »brüderliche Waffenhilfe«, und statt von »aggressivem Verhalten im Straßenverkehr« spricht man lieber von »sportlichem Fahren«.

Ob es ein Zufall ist, daß man vom Nord-Atlantik-Pakt nur als von der NATO spricht? Immerhin wird durch die Abkürzung vermieden, daß sich jemand Gedanken darüber macht, warum zum Beispiel Griechenland, das nun gewiß nicht am Atlantik liegt, ebenfalls Mitglied der NATO ist. Wie ist es sinnvoll begründbar, daß man in Zeitungen »Luxusbunker gegen atomaren Niederschlag« angepriesen findet? Kann im Zusammenhang mit einem Bunker noch von Luxus gesprochen werden?

Und sollte man statt von »Granaten« nicht lieber von »Menschenzerfetzern« reden?

Worte ermöglichen es, Gegensätzliches und Widersprüchliches miteinander zu kombinieren und ins Bewußtsein einzuschmuggeln. Die Gewöhnung an solche Ausdrücke läßt es für den einzelnen Menschen zunehmend unmöglich werden, sich solchen Bewußtseinsmanipulationen zu entziehen.

So gewöhnt er sich an Gegensätze, an das Widersprüchliche und wird es eines Tages überhaupt nicht mehr bemerken. Warum wird z. B. beim Treffen der Regierungschefs der sieben »wichtigsten westlichen Industrienationen« von einem »Weltwirtschaftsgipfel« gesprochen? Die Mehrheit der Welt und deren Probleme ist dabei nicht vertreten.

Es heißt auch: Angestellte und leitende Angestellte. Dabei wird zwischen diesen beiden Gruppen eine Gemeinsamkeit behauptet, die in Wirklichkeit oft geringer als das ist, was die beiden Gruppen voneinander unterscheidet und trennt.

Ebenfalls sind die Bezeichnungen »Arbeitgeber« und »Arbeitnehmer« nicht unbedingt zutreffend. Eigentlich ist doch der Arbeiter oder Angestellte derjenige, welcher seine Arbeit(skraft) gibt, und der Unternehmer derjenige, welcher sie nimmt. Es scheint, als ob diese Begriffe Relikte einer feudalherrlichen Zeit sind, in der ein Landesfürst seinen Untertanen eine Gunst gewährte.

In der Werbung wird eine Preiserhöhung durch »neue Preise« chiffriert, und die anonyme Großbank sowie der unpersönliche Supermarkt biedern sich an als *Ihre* Bank und *Ihr* Supermarkt.

Wenn man danach fragt, woher solche verschleiernden und irreführenden Bezeichnungen stammen, findet man selten den Ursprung. Sie treten auf und setzen sich durch.

In Staaten, in denen es »Propagandaministerien« gab oder gibt, ist die Herkunft mancher Worte leichter zu erklären als bei uns, wo jeder Wortschöpfer darauf bedacht sein wird, nicht als Sprachmanipulator erkannt zu werden. In der politischen und natürlich in der kommerziellen Werbung werden allerdings die meisten Wortschöpfungen von bezahlen Meinungsmachern kreiert. Diese Art von Manipulation ist sehr subtil, deshalb sind ihr die meisten Menschen hilflos ausgeliefert.

Prüfen Sie also die Begriffe, die Ihnen begegnen, sorgfältig. Umgekehrt sollten Sie selbst die Worte, mit denen Sie überzeugen wollen, nicht unbedacht wählen, sondern so, daß Sie Ihren Absichten entsprechend wirken.

2. Indoktrination und Suggestion

Wer jemanden zu etwas bringen will, das dieser bei klarem Kopf ablehnen würde, kann den Widerstand des anderen durch ständige Wiederholung der eigenen Position mit großer Wahrscheinlichkeit verringern.

Menschen, die ständig mit denselben Formeln und Parolen bombardiert oder berieselt werden, gewöhnen sich nach einer Zeit daran und empfinden diese Formeln nicht mehr als so anstößig wie vielleicht zuvor. Unter Umständen werden sie sogar selbst im Bedarfsfall zu diesen Floskeln greifen. Sie sind leichter verfügbar als eigene Wortschöpfungen, die erst formuliert werden müßten.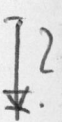

Indoktrination ist also ein Einhämmern bestimmter Gedanken, Worte, Sätze, Parolen oder Formeln, und macht sich die Trägheit des Denkens zunutze und zielt auf die Beseitigung subjektiver Widerstände ab.

Dabei muß Indoktrination nicht so plump und offenkundig sein, wie sie in den Ostblockstaaten praktiziert wurde. Viel gefährlicher als eine offene ist eine verborgene, unmerkliche Art. In diesem Sinn sind wir alle Opfer von Indoktrination.

Was uns in den Medien tagtäglich vorgesetzt wird, ist auch eine Form der Indoktrination. Die folgenden Aussagen nehmen wir zum Beispiel ohne viel nachzudenken und zu zweifeln meistens als wahr an:

Bei uns ist die Freiheit am größten.
Wir leben in einer Demokratie.

In unseren Parlamenten sitzen Volksvertreter.
Bei uns herrscht soziale Marktwirtschaft.
Die Unternehmer sind sich ihrer sozialen Verantwortung bewußt.
Der Frieden ist nur durch militärische Einsätze zu sichern.
Wir Deutschen haben ein hohes Umweltbewußtsein.

Solche Aussagen sind bei uns so gegenwärtig, wie es in der DDR manche Spruchbandparolen waren.

Wenn man genauer über diese Sätze nachdenkt, wird man ihnen nur mit Einschränkungen zustimmen können. Es stellt sich sogar eventuell die Frage, ob die Einschränkungen nicht größer sind als der verbleibende Wahrheitsgehalt. Dann wäre nämlich die gegenteilige Aussage (ebenfalls mit Einschränkungen) mindestens so wahr.

Daß diese Behauptung nicht unrealistisch ist, zeigt die Tatsache, daß es jeder Opposition gelingt, die Schritte der Regierung genau entgegengesetzt zu interpretieren.

In Deutschland gibt es heute keine laut hämmernde politische Indoktrination mehr. Um so beachtenswerter sind allerdings die leisen, untergründigen Indoktrinationsversuche, mit denen sich Manipulatoren mit unterschiedlichsten Interessen subtil und unterschwellig an das Bewußtsein von anderen heranzuschleichen versuchen. Es gibt zwar keine zentral gesteuerte »Propaganda«, und die Medien scheinen noch verschiedenen Interessengruppen offenzustehen, aber auch miteinander rivalisierende Beeinflussungsversuche heben sich nicht gegenseitig auf. Eine Gefahr liegt darin, daß man sie überhaupt nicht wahrnimmt, eine andere darin, daß man je nach Persönlichkeitsstruktur für bestimmte Manipulationen stärker anfällig ist. Wer kindlich naiv oder verträumt oder ängstlich ist, wird für anderes ansprechbar sein als jemand, der sich einsam fühlt und voll unerfüllter Sehnsüchte ist. Selbstsichere Menschen sind weniger anfällig dafür.

Man kann also Botschaften im statistischen Sinne bestimmten Persönlichkeitsstrukturen anpassen und so zielgruppengerecht kommunizieren. Jede Kindersendung tut das, jede Illustrierte wendet sich an eine bestimmte Zielgruppe (z. B. das »Managermagazin« oder das »Goldene Blatt«), in der Werbung wird das versucht, und auch jede politische Partei bemüht sich um ihre spezielle Klientel.

Totalitäre Regime, die dazu neigen, Menschen ganz für sich zu beanspruchen, haben als Methoden der Bewußtseinsbeeinflussung entgegen der Persönlichkeitsstruktur von Menschen die folgenden Methoden erfunden:

1. Gewalt in Form von Erpressung, Folter, Todesdrohung und tatsächlichem Tod,
2. Ausklammerung in Form von Isolation, Gefangenschaft oder Verbannung,
3. verschiedene Arten von »Gehirnwäsche«.

Wenn man von solchen Methoden einmal absieht, kann es Überzeugen im eigentlichen Sinn nicht gegen eine Persönlichkeitsstruktur geben. Wer bewußt oder unbewußt widerstrebt, kann nicht als überzeugt gelten. Insofern muß beim Überzeugen immer darauf geachtet werden, daß ein anderer Mensch mit seiner inneren Bedürfnis-, Normen- und Wertestruktur in Lösungen einbezogen und integriert wird.

3. Public Relations/Marketing/Werbung

Öffentlichkeitsarbeit, Verkaufsförderung, imagebildende Maßnahmen sind alles eindeutige Versuche, auf das Bewußtsein einer größeren Öffentlichkeit Einfluß zu nehmen. Sie sind die zeitgerechter auftretenden Varianten von Propaganda, Agitation, Indoktrination und auch der klassischen Werbung. Trotzdem wird auch noch geworben. Werbung ist gewissermaßen das Ziel aller vorbereitenden Öffentlichkeitsarbeit und focussiert die Wahrnehmung auf ein konkretes Produkt und lockt zu dessen Kauf.

Werbung kann man als den Versuch definieren, jemandem etwas schmackhaft zu machen, sein Bewußtsein also in eine spezielle Richtung zu lenken. Neben diesem direkten Ziel geschieht durch all solche Maßnahmen aber auch auf anderen Ebenen des Bewußtseins eine Beeinflussung, die viel subtiler und gefährlicher ist, als nur mal auf ein Produkt hereingefallen zu sein. Es wird die Einstellung vermittelt, der Kauf von Waren und der Besitz von Gütern bedeute einen Wert an sich, unabhängig vom konkreten Gegenstand.

Wenn wir uns fragen, was die so erzeugte Einstellung für das gesellschaftliche Bewußtsein bedeutet und dabei unseren Blick über unsere Mitkonsumenten schweifen lassen, kommen wir leicht zu einer Feststellung, die bereits Karl Marx sehr treffend formuliert hat:

»Was durch das Geld für mich ist, was ich bezahlen, d. h. kaufen kann, das bin ich, der Besitzer des Geldes, selbst. So groß die Kraft des Geldes, so groß ist meine Kraft. Die Eigenschaften des Geldes sind meine – seines Besitzers – Eigenschaften und Wesenskräfte. Das, was ich bin und vermag, ist also keineswegs durch meine Individualität bestimmt.«

Das Geld wird also zum alleinigen Maß der Werte, und als alleiniges gesellschaftliches Band zwischen den Menschen wird es zum scheinbaren Mittel umfassender »Omnipotenz«. Erich Kästner formuliert diese Einstellung so: »Früher war das Geschenk etwas ganz anderes als die Ware. Heute ist das Geschenk eine Ware, die null Mark kostet.«

Werbung schlägt in diese Kerbe. Insofern ist die Werbung in ihrer Gesamtheit eine Macht, die gesellschaftliches Bewußtsein massiv beeinflußt.

Auf dieser Ebene vermittelt Werbung eine bestimmte Sicht der Realität, gewissermaßen ein ganzes Weltbild. Hinzu kommt, daß der größte Teil an Werbung sich auf die große Masse richtet und versucht, bei Gemeinsamkeiten der Masse anzuknüpfen oder diese herzustellen. In beiden Fällen wirkt Werbung nivellierend.

Was sich an die Masse richtet, muß, um verstanden zu werden, möglichst einfach sein. In diesem Sinn wirkt Werbung gegen Differenzierungs- und Kritikfähigkeit. Darüber hinaus verspricht sie Käufern Glück in irgendeiner Form. Sie verkündet also nicht nur die Möglichkeit, sondern auch die Erreichbarkeit des Glücks. Dieses Glück wird aber nicht erreicht durch mühevollen Kampf um Freiheit und Selbstverwirklichung, sondern auf die simple Weise des Geldausgebens und Kaufens.

Diese Einstellung zerstört aber nicht nur die individuelle Fähigkeit, glücklich zu sein, sondern kann darüber hinaus eine ganze Gesellschaft korrumpieren.

Wie Sie Ihr Bewußtsein vor solchen Manipulationen schützen

Achten Sie bei geläufigen Wortschöpfungen darauf, ob sie Gegensätze, Widersprüche oder Tatsachen verschleiern. Dekken Sie diese Funktion vor sich und anderen auf.

Bevor Sie in wichtigen Angelegenheiten Worte übernehmen, prüfen Sie genau, ob diese Worte Ihren Zielen entsprechen. Worte können bereits eine richtige Problemerkenntnis verhindern oder erschweren.

Übernehmen Sie keine Worte Ihrer Gegner, sondern versuchen Sie, Ihre Vorstellungen in eigenen Worten auszudrücken. Wenn Ihr Gegner für »brutale Gewaltkriminelle« die Todesstrafe fordert, sollten Sie **für** den Schutz der »Menschenwürde« von »straffällig gewordenen Bürgern« plädieren.

Übernehmen Sie nicht die Problemstellungen oder die Alternativen Ihrer Gegner, sondern formulieren Sie selbst ein Problem oder Alternativen.

Prüfen Sie, womit und wodurch Sie berieselt – sprich: indoktriniert – werden. Welche Mitteilungen hören Sie ständig, wo sind Sie einer Berieselung dauernd ausgesetzt? Inwieweit haben Sie sich bereits mit fremden Vorstellungen abgefunden?

Prüfen Sie die Inhalte dessen, womit Sie berieselt werden, kritisch, und überlegen Sie sich, wie Sie sich permanenten Fremdeinflüssen entziehen können. Autonomie, d. h. Selbstbestimmung braucht als Voraussetzung auch Ruhe und Abgeschirmtheit.

Oft bedient sich die Werbung der Kinder und benutzt diese als Schallplatten für ihre Werbeslogans. Das ist besonders wirkungsvoll, denn Radio und Fernsehen kann man abschalten, Kinder nicht. Nicht nur zum Schutz davor sollte unkontrollierter Fernsehkonsum eingeschränkt werden.

In seinem Buch »Der eindimensionale Mensch« schreibt Herbert Marcuse, daß die Menschen in der modernen Gesellschaft den Blick für Alternativen verloren haben. Sie erkennen nur noch die eine Seite. Sie ist ihnen durch gezielte sprachliche Wortschöpfungen vertraut, die andere Seite taucht im normalen Wortschatz nicht mehr auf.

Um selbst nicht eindimensional zu werden und mit Scheuklappen herumzulaufen, sollten Sie grundsätzlich Wert auf Alternativen legen. Öffnen Sie sich auch für Gegenpositionen, auch für Ansichten, die Sie eigentlich ablehnen würden, und nehmen Sie sie zunächst einmal hin. Wenn Sie sich darauf einlassen, können Sie auch darin Aspekte der Wahrheit entdecken.

Versuchen Sie also, gewohnte Denkbahnen zu durchbrechen und Fantasie zu entwickeln. Malen Sie sich ruhig einmal Luftschlösser aus. Erträumen Sie sich einmal eine vollkommene Welt: ohne Geld, ohne Krieg, ohne Unterentwicklung, in der alle Menschen miteinander leben und glücklich sein können.

Denken Sie alternativ! Lernen Sie, aus dem gewohnten Horizont auszubrechen – zumindest in Ihrem Denken. Unsere Gesellschaft braucht Alternativen, Ziele, Träume und Visionen. Die allein können Perspektiven für eine sinnvolle Weiterentwicklung sein. Nietzsche läßt Zarathustra sagen: »Man muß noch Chaos in sich haben, um einen tanzenden Stern gebären zu können.«

Verschaffen Sie sich Klarheit über die gesellschaftlichen Gruppen, zu denen Sie gehören und von denen Sie besonders stark beeinflußt werden. Versuchen Sie, diese in den Zusammenhang der gesamten Gesellschaft einzuordnen, und versuchen Sie dann, deren Interessen zu erkennen.

Fragen Sie sich, wie weit Ihre eigenen Vorstellungen sich mit denen der Gruppe decken, zu der Sie gehören. Stellen Sie große Übereinstimmungen auch in Details fest, können Sie davon ausgehen, daß Ihr Denken weithin fremdbestimmt ist. Überlegen Sie sich dann, in welchen Punkten Sie sich von der Gruppenmeinung unterscheiden.

Bevor Sie sich eine Meinung zu einem Sachverhalt bilden, sollten Sie zuerst kritisch andere Meinungen abwägen. Bei ständiger Übereinstimmung mit anderer Leute Meinung sollten Sie etwas unruhig werden.

Vertrauen Sie Ihrem eigenen Urteil grundsätzlich mehr als dem anderer. Haben Sie den Mut, eine eigene, abweichende Meinung auch da zu vertreten, wo Sie mit Widerspruch rechnen müssen.

Beispiele, wie Sie andere beeinflussen können

Wie weitreichend Sie das Bewußtsein der Gesellschaft beeinflussen können, hängt zum Teil von Ihrer Position ab und von der Aufmerksamkeit, die sich auf diese Stellung richtet. Je stärker Sie im Rampenlicht stehen, desto weiter reicht Ihr Einfluß.

Einflußmöglichkeiten lassen sich aber auch künstlich schaffen. Gruppen, Unternehmen, einzelne Personen betreiben Public-Relations, um sich bekannt zu machen. Dazu gilt es, Aufsehen zu erregen, wenn nicht im Positiven, dann notfalls auch im Negativen. Hauptsache, man kommt ins Gespräch, man bleibt im Gespräch.

Methoden, um Aufmerksamkeit zu erlangen, sind:
Verlassen der Konventionen;
Durchbrechen der Regeln der Normalität;
gegen Erwartungen verstoßen;
Nicht-Alltägliches tun.

Jemand kann sich ein positives Image aufbauen, indem er sich oder seinen Namen mit Vorstellungen, Gegenständen oder Einstellungen in Verbindung bringt, die bei anderen Menschen positive Gefühle auslösen.

Auch indem man das Selbstwertgefühl anderer Menschen durch Anerkennung, Lob, Komplimente oder Schmeicheleien stärkt, kann man bei ihnen positive Gefühle auslösen. Die werden dann mit hoher Wahrscheinlichkeit auf den Auslösenden zurückübertragen werden. Alles, was jemand dann sagt, erhält einen höheren Wert. Die von ihm gegebene Selbstbestätigung läßt ihn als einen wohlmeinenden Verbündeten erscheinen, dessen Sachverstand dann auch nicht in Zweifel gezogen wird.

Je nachdem, wie man es gerade braucht, kann man seinen Worten eine positive oder negative Färbung beimischen. Zum Beispiel durch ein positiv wertendes Adjektiv: So gibt es einen Rum namens Pott. Er wird verkauft als »der gute Pott«.

Die Margarinehersteller bieten »rein pflanzliche Margarine« an oder auch »Sonnenblumen-Margarine«, wobei »Sonnenblume« das Produkt aufwertet.

Es wird auch nicht »Hautfett« angekündigt, sondern »Sonnenmilch«, eine Kombination aus zwei Wörtern, die positiv besetzt sind.

Und eine Schokolade heißt nicht einfach »Nußschokolade«, sondern »Gold-Nuß«, und die Büchsenmilch für den Kaffee verkauft sich besser als »Glücksklee«.

In diesem Sinn werden positive Identifikationsmöglichkeiten geschaffen.

Negative Identifikationsmöglichkeiten dagegen sind Feindbilder, von denen man sich abgrenzt. Wer irgend wen oder irgend etwas zur Ursache allen Übels erklärt, und den Angesprochenen zugleich das Gefühl vermittelt, daß sie mit dieser Ursache allen Übels nichts gemein haben, kann sich selbst als Retter vor Untergang und Verderben ausgeben und die Leute auf seine Seite ziehen.

Der Bundeskanzler hört sich gern »Friedenskanzler« nennen. Diese Bezeichnung verfehlt nicht ihre Wirkung. Indem er nämlich diesen Titel für sich reklamiert, unterstellt er, daß ein möglicher Gegenkandidat eben kein Friedenskanzler sei.

Einfache Modelle setzen sich am leichtesten durch; sie verlangen nicht, daß man nachdenkt. Deshalb ist es wirkungsvoll, komplizierte Sachverhalte auf einfache Formeln zu reduzieren. Entsprechend die Alternativen: Freiheit oder Sozialismus; Krieg oder Frieden.

Schlagworte sollen so einfach und klar sein, daß sie in jedem Bewußtsein präsent bleiben. Sie müssen einfach unvergeßlich sein.

Indem man sich auf Gemeinsamkeiten beruft und daran anknüpft, erreicht man leichter Gehör und kann von dieser Basis weiter zum eigentlichen, eigenen Anliegen fortfahren. So werden Gesprächspartner bei einem gemeinsamen Treffpunkt abgeholt und zum Ziel des Sprechers mitgenommen.

Ständige Wiederholung macht das Behauptete glaubwürdiger, weil selbstverständlicher. Der ältere Cato beendete jede seiner Reden im Senat mit der Wendung: »Im übrigen bin ich dafür, daß Karthago zerstört werden muß.« Es kam zum Dritten Punischen Krieg, und Karthago wurde zerstört.

Ein Fragezeichen ist wie ein Haken, an dem immer etwas hängen bleibt! Fragen sind geeignet, Verdächtigungen und Gerüchte auszustreuen: Betrügt Herr X seine Frau? – Minister Y der Unterschlagung von Steuergeldern überführt?

Sie merken schon, die Möglichkeiten der Sprache sind genial. Was man mit ihr machen kann, birgt große Gefahren, es kann zum Fluch werden. Einer guten Sache aber kann man nur wirkungsvoll dienen, wenn man möglichst viele Register der Sprache ziehen kann und sich auch vor Gegenangriffen zu schützen weiß.

3 Sprache als Vermittler zwischen Realität und Gesellschaft

Die folgenden beiden Abschnitte handeln von dem Bezug zwischen den kollektiven Bewußtseinsinhalten einer Gesellschaft und der Realität.

- Sprache bietet für die Wahrnehmung der Welt vorgeführte Forme(l)n an, die zwar erleichternd für den Umgang mit der Welt sind, aber auch die Gefahr von Fehleinschätzungen bergen. Wie kann man sich einerseits vor solchen Fehleinschätzungen schützen und andererseits vorhandene Forme(l)n als Kommunikationskanäle benutzen? (§5)

- Je nach Gruppenzugehörigkeit oder persönlichem Entwicklungsgang gibt es in der Gesellschaft verschiedene Untersprachen. Darin drücken sich Einstellungen und Sichtweisen der Realität, sowie bestimmte soziale Bezüge aus. Um andere Menschen wirkungsvoll beeinflussen zu können, ist es vorteilhaft, sie in einer ihnen angemessenen und vertrauten Sprache anzusprechen. (§6)

§ 5 Wie Sprache den Umgang mit der Welt (Realität) erleichtert und verfälscht

Für jede Verständigung ist es notwendig, daß die Sprechenden über bestimmte, innerhalb einer Gruppe bekannte und anerkannte Regeln verfügen. Verstehbares Sprechen muß immer auf Konventionen gründen.

Wenn sprachliche Zeichen beliebig und nicht regelhaft verwendet würden, könnte man mit jeder Äußerung Beliebiges meinen, und man könnte bei jeder Äußerung eines anderen

Beliebiges verstehen. Damit aber würde man nichts meinen und nichts verstehen.

Ein Mensch, der Sprache lernt, erwirbt vorhandene und verfügbare Formen. Durch deren Anwendung wird er aufgenommen in die Gemeinschaft derer, welche ebenfalls diesen Konventionen folgen.

Hinsichtlich der Realität übernimmt der Sprachlernende zugleich mit den Regeln des Sprechens ein Ordnungssystem des Denkens, das heißt eine Art, wie die Gesellschaft, in der er lebt, die Realität wahrnimmt und damit umgeht. Der einzelne findet hier also etwas Vorgedachtes vor und braucht nicht mehr alles selber zu bedenken. Der Umgang mit der Welt wird ihm erleichtert. Diese Regeln legen eine bestimmte Art des Umgehens mit der Welt nahe und schränken zugleich das Denken auf bestimmte Bahnen und Konventionen ein.

Sie tragen dazu bei, daß die Realität überschaubar wird. Einzelne Ereignisse lassen sich um so schneller und leichter einordnen, je weniger Worte dafür zur Verfügung stehen.

Zugleich mit der Sprache und ihren Regeln werden Vorstellungen, Bilder, Klischees und Stereotypen erworben.

Man braucht sich dadurch nicht mehr mit jedem einzelnen Ereignis auseinanderzusetzen und jedes einzeln zu verstehen, sondern kann es aufgrund von Ähnlichkeiten mit anderen Ereignissen assoziieren und ihm Handlungsmaximen zuordnen.

Wiedererkennen ist als leichte Methode, Ordnung zu schaffen, durch Sprache ermöglicht. Sprachlich wird das Einordnen eines Einzelfalles in einen größeren Zusammenhang durch Summenbegriffe erleichtert. Läßt sich ein Ereignis unter einen Allgemein- oder Summenbegriff fassen, bedarf es der Auseinandersetzung mit dem Einzelfall nicht mehr. Durch ihre vorhandenen und verfügbaren Formen bietet die Sprache also Orientierungsmöglichkeiten.

Wird jemand als »Beamter« bezeichnet, dann liegen bestimmte Assoziationen nahe: regelmäßiges Einkommen, gesicherte Altersversorgung, mäßige Leistungsbereitschaft und geringe Neigung zum Risiko.

Zu »Manager« könnte assoziiert werden: dynamisch, engagiert, gestreßt, gejagt, schlitzohrig, überdurchschnittliches Einkommen.

Jemand, der als »Dienstbote« bezeichnet wird, wird vermutlich auch als Dienstbote behandelt. Das Verhalten gegenüber einer »Haushaltshilfe« wird automatisch respektvoller sein als gegenüber einem »Dienstmädchen«.

Auch zur Lösung von Problemen trägt Sprache bei, indem sie Problemlösungsmöglichkeiten fertig mit sich trägt. »Probieren geht über Studieren« wäre eine solche Problemlösungsstrategie. »Was Hänschen nicht lernt, lernt Hans nimmermehr« eine andere, die sich auf das Problem der Kindererziehung bezieht. Besonders einprägsam sind manche Regeln dadurch, daß sie in einer sprachlichen Form dargeboten werden, die dem Ohr wohlgefällig ist. Zum Beispiel durch einen Reim: »Was du nicht willst, das man dir tu', das füg' auch keinem andern zu.«

Problemlösung gegenüber einem neuen Gruppenmitglied: »Neue Besen kehren gut«, will sagen: Wir werden uns nicht aufregen, dein Eifer wird schon erlahmen. Problemlösung Arbeitszeiteinteilung: »Morgenstund hat Gold im Mund.« Problemlösung zur Arbeitsmoral: »Was du heute kannst besorgen, das verschiebe nicht auf morgen.« Problemlösung für die Verdauung: »Nach dem Essen sollst du ruhn oder tausend Schritte tun.« Problemlösung zum Kinderspielzeug: »Messer, Gabel, Schere, Licht ist für kleine Kinder nicht.«

Das sind wohlbekannte Sprüche, die schon früh gelernt werden und uns in dem einen oder anderen Fall noch einfallen, um unser Verhalten zu rechtfertigen.

Mit dem Aufkommen des Fernsehens als pädagogischem Ersatz-Institut werden solche Sprüche zunehmend ausgetauscht gegen bildhafte Problemlösungen, die kaum besser der kindlichen Situation entsprechen, aber ebenfalls einprägsam und unvergeßlich sind.

Aber auch Erwachsenen werden dort bestimmte Vorstellungen vermittelt. So stellt die Werbung zum Beispiel gern das Bild der glücklichen Hausfrau und Mutter dar, die lächelnd durch die Küche tänzelt. Wenn sich dies Bild in der Vorstellung von Ehemännern durchsetzt, werden sie in der Konsequenz unzufrieden mit der eigenen Frau, die dem vorgestellten Frauenideal nicht entspricht. Die Auffassung, Hausfrauenarbeit sei ein Kinderspiel, wird durch solche Bilder verstärkt.

Die bisher vorgestellten verfügbaren Sprachinhalte waren vor allem solche, die tatsächlich kollektiv verfügbar sind. Aber nicht nur das ist für den einzelnen Menschen verfügbar. Dazu kommen auch spezielle Sätze und Äußerungen von Personen, die beeindruckt haben und in Erinnerung geblieben sind: Ratschläge, Grundsätze, Ge- und Verbote von Erziehern. Sie können, weil sie verfügbar bleiben, ebenfalls das Verhalten eines Menschen dauerhaft beeinflussen.

So schützen Sie sich vor Manipulation

Notieren Sie sich einige prägnante Sätze, die Sie gehört haben und von denen Sie beeindruckt waren. Schreiben Sie sich Sprichworte, Redensarten und Formulierungen auf, die Ihnen etwas gesagt haben. Versuchen Sie, sich in Gesprächen zu beobachten, welche Redensarten Sie selbst verwenden.

Denken Sie dann darüber nach, inwieweit diese geflügelten Worte Ihr eigenes Verhalten prägen. Haben Sie selbst Ihr Handeln bedacht, oder haben Sie auf eine vorgefertigte Handlungsmöglichkeit zurückgegriffen? Geben Sie selbst Handlungsempfehlungen, die aus fertigen sprachlichen Formeln bestehen?

Wenn Sie sich zur Beantwortung dieser Fragen über einen längeren Zeitraum beobachten, gibt Ihnen das Aufschluß darüber, ob oder wie sehr Ihr eigenes Verhalten fremdgesteuert ist.

Viele Worte sind mit Gefühlen verbunden oder lösen Gefühle aus. Das kann in der individuellen Geschichte begründet sein, aber auch fertig übernommen worden sein. Häufig lösen bestimmte Worte Denk- oder Handlungsimpulse aus, die sachlich nicht angemessen sind.

Achten Sie einmal auf solche »Reizworte«, die bei Ihnen starke Gefühle auslösen. Erst wenn Sie sich über diese Worte klar sind, können Sie sich davor schützen, sich von Gefühlen zu unbedachtem Handeln hinreißen zu lassen.

Bemühen Sie sich, nicht alle Beamten, alle unverheirateten Männer, alle Polizisten, Soldaten, Kriegsdienstverweigerer, Bosse, Gewerkschaftler, Amerikaner, Schotten, Franzosen, Deutschen etc. über einen Kamm zu scheren. Denken Sie in diesem Fall an die Redensart: Es gibt solche und solche.

Ob die Mehrzahl aller Politiker Charakterschweine sind oder nicht, können Sie so lange nicht beurteilen, wie Sie nicht die Mehrzahl aller Politiker kennen.

Fragen Sie sich, woher Ihr Wissen stammt. Haben Sie es selbst überprüft oder übernommen?

Vermutlich werden Sie feststellen, daß es zum großen Teil aus Annahmen besteht, die Sie übernommen haben. Es handelt sich dann um Weltbilder und Vorurteile, die als selbstverständlich angenommen werden und deshalb nicht regelmäßig überprüft, sondern ständig weitertradiert werden.

Viele wissenschaftliche Entdeckungen wurden über Jahrhunderte nicht gemacht, weil sie nicht dem herrschenden Weltbild entsprachen. Und wenn sie gemacht wurden, hatte sich entweder mittlerweile das Weltbild geändert, oder sie stießen auf hartnäckigen Widerstand.

Was heute als »alternativ« vorgestellt wird, entspricht nicht dem Weltbild des größten Teils unserer Gesellschaft. Begriffe wie: Arbeit, Leistung, Geld haben im »alternativen« Denken eine eigene Bedeutung. Unabhängig davon, ob der propagierte alternative Lebensstil realistisch ist und ob er Zukunft hat, allein, weil er anders ist als »normal«, wird er von vielen Normalen abgelehnt.

Machen Sie sich den Spaß, für einzelne Redensarten aufzulisten, für welche Fälle sie nicht gelten. Schulen Sie dadurch Ihr eigenes kritisches Bewußtsein.

Schärfen Sie Ihren Blick für vorgeprägte Formeln, für Schienen und Gleise, auf die sich das Denken so leicht locken läßt und durch die Ihnen die Möglichkeit zu eigenem, selbstbestimmtem Handeln genommen wird.

Bemühen Sie sich um einen großen aktiven Wortschatz. Je mehr Worte Sie zur Verfügung haben, desto treffender können Sie formulieren, desto unabhängiger werden Sie von vorgeprägten Ausdrucksweisen, desto ausgeprägter wird Ihre individuelle Ausdruckskraft. Wenn Sie sich darin üben wollen, dann lesen Sie dazu am besten Texte von gehobenem Niveau und erzählen diese Texte nach. Erst durch lautes Sprechen, das heißt durch die aktive Verwendung von ungewohnten Worten, werden Sie die Verwendung neuer Wörter erlernen.

Bilden Sie sich nicht ein, mit Differenzierungen zu einem Ende zu kommen. Jede Situation verlangt grundsätzlich eine neue Differenzierung.

Lassen Sie sich nicht durch Ähnlichkeiten täuschen. Die könnten allein durch die Sprache vorgetäuscht sein: Zwischen einem Lehrer und einem Verwaltungsbeamten liegen Welten, obwohl beide »Beamte« sind.

Die Gemeinsamkeit aller »Präsidenten« besteht vermutlich nur darin, daß sie irgendwem vorstehen. Ihre Aufgaben, Funktionen und Legitimationen sind real sehr unterschiedlich. Staatspräsidenten z. B. können aufgrund einer demokratischen Wahl oder aufgrund eines Putsches zu ihrem Amt gelangt sein. Sie können Monarch, Tyrann, Diktator, Regierungschef oder »nur« Repräsentant sein.

Mao Tse-Tung war übrigens auch ein Präsident, nur daß jemand bei der Übersetzung für Deutsche den klugen Gedanken hatte, diesen Titel nicht aus dem Chinesischen ins Lateinische, sondern gleich ins Deutsche zu übersetzen. Dadurch kam ihm der Titel des »Großen Vorsitzenden« unverwechselbar zu, und der war gewiß ehrenvoller als der gewöhnliche Begriff »Präsident«, bei dem sich kaum noch jemand etwas denkt.

Lassen Sie sich von nichts und von niemandem Ihre Sprachregelungen vorschreiben. Jede sprachliche Vorschrift engt Denkfreiheit ein.

Es stimmt nicht, daß die Gedanken frei sind. Wenn es jemandem gelingt, Ihnen Worte vorzuschreiben, dann sind auch Ihre Gedanken gefangengenommen. Worte sind Hüllen für geistige Gehalte.

Bestimmen Sie Ihre Sprache selbst. Erwerben Sie sich Autonomie. Prägen Sie selbst Ihre Ausdrucksweise, und stellen Sie dabei hohe Ansprüche an sich selbst. So werden Sie gegen äußere Beeinflussungsversuche besser geschützt sein. Sie werden nicht mehr auf einprägsame Formeln, auf Dummheiten, schöne Sprüche und eitel aufgekratzte Reden hereinfallen, sondern Sie können all das als Geschwätz für eine andere Zielgruppe betrachten.

Beispiele, wie Sie andere beeinflussen können

Was Sie formuliert haben, braucht niemand anders mehr zu formulieren. Worüber Sie sich den Kopf zerbrochen haben und wofür Sie eine Lösung gefunden haben, das kann ein anderer fertig übernehmen.

Versuchen Sie also, Problemlösungen treffend zu formulieren, und bieten Sie das, was Sie gefunden haben, anderen Menschen an. Schaffen Sie also selbst Verfügbares und legen es anderen nahe.

Wenn es für das von Ihnen zu lösende Problem bereits irgend etwas Verfügbares gibt, dann knüpfen Sie in der Darstellung vor anderen Menschen daran an. Arbeiten Sie mit Beispielen, Bildern und Vergleichen.

Wenn ich Ihnen eine gleichberechtigte Kommunikation empfehlen will, könnte ich an ein Sprichwort anknüpfen, das lautet: Wie man in den Wald hineinruft, so schallt es heraus. – Ich könnte Ihnen daran erklären, daß, je freundlicher Sie mit einem Menschen umgehen, er auch desto freundlicher zu Ihnen sein wird.

Genauso könnte ich aber dies bekannte Wort zum Anlaß nehmen, Ihnen etwas Gegenteiliges anzubieten: Man sagt zwar..., aber wenn man es einmal genau betrachtet, so stimmt das in den meisten Fällen doch nicht: Längst nicht in jedem Wald werden Sie ein Echo finden. Deshalb schlage ich vor: ... An Verfügbarem anzuknüpfen bedeutet, dem anderen einen leichten Einstieg zu ermöglichen und ihn zum Folgen zu motivieren.

Machen Sie Ihren Namen und Ihre Adresse Ihren Geschäftspartnern verfügbar. Jemand, der sich an Ihren Namen erinnern kann, der wird sich auch leichter an Ihr Gesicht erinnern können.

Erläutern Sie Ihren Namen ruhig mit einem Vergleich, zum Beispiel: Prost, wie zum Wohl. Oder erfinden Sie eine Anekdote zu Ihrem Namen. Ihr Name sei in aller Munde.

Wenn Sie nicht wie ich das Glück haben, einen einprägsamen Namen zu führen, versuchen Sie es mit Aufhängern und Bildern. Beginnt Ihr Name beispielsweise mit Grysz..., so versuchen Sie es mit Grysz wie Grüezzi.

Oder heißen Sie gar Kußmaul und genieren sich, so verschönern Sie Ihren Namen, indem Sie sagen: Kußmaul, wie Küßchen, oder: Kußmaul, wie Erotik.

Grundsätzlich gilt: Je peinlicher Ihnen Ihr Name jemals war, um so besser werden sich andere daran erinnern, und das kann Ihr Vorteil sein.

Für ein Unternehmen oder ein Produkt, dessen Namen Sie selbst bestimmen können, sollten Sie einen möglichst leicht einprägsamen Namen wählen, um den Aufwand für seine Bekanntmachung möglichst gering zu halten. Er sollte eventuell an bereits Verfügbarem anknüpfen und in jedem Fall positive Assoziationen wecken.

Machen Sie sich vertraut mit dem, was für andere Menschen verfügbar ist. Nur wenn Sie darüber Bescheid wissen, können Sie gezielt daran anknüpfen. Definieren Sie Zielgruppen!

Man kann alles von zwei Seiten sehen. Dem einen ist die eine, dem anderen ist die andere vertrauter. Stimmen Sie also einem anderen ruhig zu, wenn er etwas behauptet, mit dem Sie nicht übereinstimmen.

Zeigen Sie ihm dann aber, unter welcher Hinsicht *er* recht hat und in welcher Hinsicht man es auch anders betrachten kann. Wägen Sie dann die Ansichten gegeneinander ab, und führen Sie so Ihren Gesprächspartner, ohne daß er sein Gesicht verliert, zu Ihrem Standpunkt und Blickwinkel.

Beispiel: Jemand äußert: »Langhaarige Männer sind dreckig und unzuverlässig. Deshalb stellen wir in unserem Unternehmen keine ein.«

Gesetzt, Sie seien nicht dieser Auffassung, so könnten Sie argumentieren: »Ja, ich stimme Ihnen zu: Viele ungepflegte und unzuverlässige Männer haben lange Haare. Solche würden wir auch nicht einstellen. Andererseits aber scheint mir, daß es auch sehr gepflegte und zuverlässige Männer mit langen Haaren gibt. Wir gucken uns die Leute immer genau an, bevor wir sie einstellen. Lange Haare allein sind da für uns kein Kriterium.«

So können Sie einem Gesprächspartner etwas auf freundliche Weise näherbringen und ihm Ihre Argumentation für sein künftiges Verhalten verfügbar machen.

Knüpfen Sie an den Erwartungen Ihrer Gesprächspartner an. Gehen Sie auf ihre Vorstellungen zunächst ruhig ein. Lassen

Sie sich ruhig als einen der Ihren identifizieren, und nutzen Sie das als Vertrauensvorschuß, um darauf aufbauend Ihre eigenen Vorstellungen zu präsentieren.

Häufig kommen Sie damit recht weit. Manch einer ist aber auch schon Opfer seiner eigenen Anpassungsversuche geworden. Seien Sie also zugleich vorsichtig, daß Sie sich nicht so verdrehen, daß Sie sich verknoten und dabei selbst verlieren.

Wenn Sie anderen Menschen etwas mitteilen, respektieren Sie ruhig die Denkfaulheit Ihrer Mitmenschen, und stellen Sie deshalb so einfach und anschaulich dar, daß jeder ohne Anstrengung folgen kann.

Eine differenzierte Argumentation ist vor einem skeptischen, ablehnenden oder sehr gebildeten Publikum angebracht. Auch in einem Referat, einem Vortrag, über das/den anschließend diskutiert wird, werden Sie sorgfältiger argumentieren müssen.

Gehen Sie bei einem Referat, einem Vortrag, einer Rede grundsätzlich davon aus: Wenn die Zuhörer nur wenig oder nichts verstehen und davon behalten, dann ist das nicht deren, sondern Ihre Schuld. Sprechen Sie klar und verständlich.

§ 6 Einzel- und Gruppensprachen als Teilperspektiven auf die Welt

Jeder Mensch hat eine eigene, unterschiedliche Art zu denken und zu sprechen. Diese ihm eigentümliche Weise ist Ausdruck seiner Individualität und seiner Sicht der Realität. Die ist bedingt und geprägt durch seine Erziehung, durch Ereignisse und durch die Menschen, denen er begegnet ist. Kurz: durch sein Leben.

Eine Einzelsprache kann an die Sprache der Allgemeinheit (wenn es so etwas gibt) angepaßt sein, das heißt, sie kann einfach und für jeden verständlich sein, sie kann aber auch ungewöhnlich, unangepaßt und sehr eigentümlich sein. Sogar so weit, daß eine Verständigung mit diesem Menschen nur schwer möglich ist. Die spezielle Art einer Einzelsprache kann sich durch Wortwahl, Lieblingsworte und Floskeln bis hin zum grammatikalischen Stil, zum Aufbau einzelner Sätze, zur Art, wie sich ein Mensch im Gespräch verhält, ausdrücken.

Das gilt sowohl für manche alten Leute, die kauzig und wunderlich werden, als auch für junge Leute, bei denen oft die Älteren Verständnisschwierigkeiten haben.

Wenn man alte Leute mit ihrer Art zu sprechen als »kauzig« empfindet, so drückt sich darin deren individuelle, im Lauf von Jahrzehnten gewachsene persönliche Gestalt aus, die oft für andere nur schwer nachvollziehbar und verstehbar ist. Viele Menschen, insbesondere Dichter und Philosophen haben ihre ganz individuelle Sprache entwickelt. Vermutlich ist es auch Ihnen schon so gegangen, daß Sie einen Satz gehört oder gelesen haben, und sofort intuitiv wußten: das kann nur der und der gesagt haben. Wie in Malerei und Musik geht es hierbei um den persönlichen Stil eines Menschen, der sich in jedem seiner »Werke« ausdrückt.

Mit Gruppensprachen ist sowohl das Fachchinesisch einzelner Berufsgruppen gemeint, als auch das Angler- und Jägerlatein spezieller Clubs. Junge Leute sprechen in ihrer »Szene« ihre eigene Sprache und sind damit für ihre Eltern genauso unverständlich, wie viele ältere Herrschaften mit ihren Umgangsformen für jüngere Leute langweilig sein können.

Welche Einflußmöglichkeiten bieten Einzel- und Gruppensprachen?

Folgende Möglichkeiten liegen nahe:

Man akzeptiert die individuelle oder gruppenspezifische Sprache eines anderen Menschen. Man versucht, sich in diese Sprache einzuhören und Rückschlüsse auf das Weltbild des betreffenden Menschen oder der betreffenden Gruppe zu ziehen. Dann kann man auf diese Person oder Gruppe, entsprechend deren Art, eingehen.

Alternativ kann man die eigene Sprachweise einer anderen Sprache gegenüberstellen. Das Gespräch hat dann die Funktion, zu klären, daß beide Sprachen möglich sind, um einen Sachverhalt zu erfassen, daß sich aus beiden Sprachregelungen aber verschiedene Konsequenzen ergeben.

Bei der dritten Art versucht einer einem anderen seine eigene Sprachregelung aufzuzwingen. Hat jemand ein Kommunikationsmonopol und kann der Angesprochene sich der Kommunikation mit dieser Person nicht entziehen, wird der Betroffene sich notgedrungen dieser Sprache bedienen müssen.

So kann ein Chef seinen Mitarbeitern die »Firmensprache« aufdrängen, Lehrer veranlassen Schüler zu bestimmten Formulierungen, die in Klassenarbeiten verwendet werden sollen, und Kinder werden sich kaum der Sprache ihrer Eltern entziehen können.

Ideal wäre es, wenn Menschen, die einander begegnen, für ihre unterschiedlichen Sprachen offen wären und sich gegenseitig damit bereichern würden. Jede neue Formulierung bietet einen neuen und anderen Zugang zur Welt.

4 Sprache als Vermittler zwischen Individuum und Bewußtsein

Die sprachlichen Möglichkeiten der Verhaltenssteuerung funktionieren zum Teil bewußt, zum größeren Teil aber auf einer unbewußte Ebene. Gerade solche gezielt unterschwelligen Einflüsse stellen aber die gefährlichsten Manipulationen dar. Da man sie nicht erkennt, kann man sich ihnen nicht entziehen. Insbesondere wirken viele Normen (§ 7) und Gefühle (§ 8) unbewußt auf das individuelle Bewußtsein und werden von Manipulatoren gern als Einflußkanäle benutzt.

§ 7 Wie durch Sprache Verhalten normiert wird

Das individuelle Bewußtsein von Menschen ist von vielen Normen und Konventionen gelenkt. Was jemand für gut und richtig hält, wird vielfach durch sie bestimmt.

Zu den unbewußt mitgetragenen Normierungen gehören die »Man-Konventionen«, die jemandem nahelegen, was man tun soll und was nicht.

»Man« bedeutet dabei eine Verallgemeinerung, für die Gültigkeit beansprucht wird. Wer sich von einem solchen »man« aussondert, gerät in Gefahr, von Sanktionen betroffen zu werden.

Auch Wertungen, die bestimmten Worten anhängen und bei deren Verwendung jeweils ausgelöst werden, normieren auf einer unbewußten Ebene das Verhalten.

Worte wie »Unkraut« und »Ungeziefer« dienen zur Bezeichnung von etwas, das als unerwünscht gilt und tragen die Verhaltensaufforderung des Beseitigens und Vernichtens mit sich.

Darüber hinaus gibt es direkte und ausdrückliche Normierungen. Von ihnen ist zu sagen, daß sie zwar als Normen formuliert sind, aber dennoch nicht immer bewußt als solche erkannt werden. Das liegt zum Teil daran, daß das von ihnen verlangte Verhalten vielen Menschen als selbstverständlich erscheint. Sie sind seit ihrer Kindheit daran gewöhnt.

So lernt man schon früh, sich im Straßenverkehr zu verhalten, lange bevor man einer schriftlichen Fassung der Straßenverkehrsordnung begegnet. In ihr sind die diesbezüglichen Normen schriftlich fixiert.

Gesetzbücher beinhalten ebenso Normen. Über deren Einhaltung wachen staatliche Instanzen. Erst die Niederschrift ermöglicht eine Berufung auf diese Normen und eine eindeutige Rechtsprechung, in der entschieden wird, ob jemand gegen eine Norm verstoßen hat oder nicht und wie der Verstoß gegen die Norm geahndet wird.

Normen sind für das Zusammenleben von Menschen unverzichtbar. Das gilt im großen wie im kleinen. Für Vereine, Parteien, Gruppen, Zusammenschlüsse gibt es Satzungen, in denen Normen festgelegt sind. Darin sind meist auch Sanktionen für Normverstöße enthalten.

Weiter sind zu nennen: Hausordnungen, Geschäftsordnungen, Regelungen für den engsten Bereich. Dazu gehört auch die Absprache zwischen berufstätigen Eheleuten über die Erledigung der anfallenden Hausarbeit.

Es leuchtet ein, daß Menschen durch solche Regelungen und Normierungen in ihrem Verhalten beeinflußt sind.

Nun sind Normen zwar notwendig zum Zusammenleben, aber ihre Art und ihr Inhalt sind relativ zufällig und willkürlich. Ob man nun auf der rechten oder linken Fahrbahn fährt, ist letztlich unwesentlich. Wichtig ist bloß, daß eine Vereinbarung darüber besteht.

Lebensbereiche, die man selbst gestalten kann, sollte man von fremdbestimmten Normen freizuhalten versuchen und mit seinen Partnern die Spielregeln selbst aushandeln.

Wie Verhalten von Menschen durch Normen beeinflußt wird

In einem Kaufvertrag werden dem Käufer die Vertragsbedingungen vorgedruckt zur Unterschrift präsentiert. Dadurch werden sie als unverständlich vorgestellt, und der Kunde wird sie meist als selbstverständlich akzeptieren. Auf eine eventuelle Anfrage des Kunden wird geantwortet: Das machen wir immer so, da machen wir keine Ausnahme. Anders: Das sind unsere Normen.

Sie reisen von einem Staat in einen andern. Vor der Reise empfiehlt es sich, sich über abweichende gesetzliche Normen und Vorschriften sowie über Abweichungen in der Straßenverkehrsordnung zu orientieren. Dabei können einem die eigenen, als selbstverständlich akzeptierten und kaum noch reflektierbaren Normen bewußt werden. Man erlebt, daß es auch ganz anders geht.

Andere Normen drücken sich in der langen Tabuisierung der Sexualität als Gegenstand von Sprache aus.
In diesem Bereich wurde weniger Verhalten als Ignoranz gelehrt. Jungen Menschen wurde häufig keine andere Anleitung zum Umgang mit der eigenen Sexualität gegeben als der Hinweis, gar nicht damit umzugehen. Selbständige Probierversuche wurden sogar geächtet.
Heute besteht ein wesentliches Problem im Bereich der Sexualität darin, daß trotz der sogenannten sexuellen Revolution keine positiv-freundliche Sprache dafür verfügbar ist. Vorhanden ist lediglich eine Vulgärsprache, eine eher philosophische und eine medizinisch-biologische Ausdrucksweise. Die alten Normen wirken also immer noch weiter.

Wer eine Hausordnung aufgestellt hat, braucht nicht mehr regelmäßig alle Punkte zu diskutieren. Sie steht fest. Jeder ist gewöhnt, daß es Hausordnungen gibt, und Zweifel tauchen nur dann auf, wenn Bestimmungen extrem hart formuliert oder deren Einhaltung übermäßig scharf kontrolliert wird. Sie wissen vermutlich selbst, welche Autorität es bedeutet, jemand anderem zeigen zu können: Schau, da steht es schwarz auf weiß. Eine feste sprachliche Formulierung, die entweder bekannt oder durch Drucklegung bekanntgemacht ist, besitzt größere Autorität als eine mündliche Mitteilung.

Einem neuen Mitarbeiter wird gesagt: So und so wird das hier gemacht, diese Normen sind Ihre Arbeitsbedingungen. Je mehr Normen er gleich zu Beginn schluckt, desto stärker wird sein Verhalten manipuliert. Um sich gegen Normen zu wehren, bedarf es eines starken Selbstbewußtseins und klarer eigener Visionen.

In eine Verhandlung werden möglichst viele Normen als Vorgabe eingebracht, um im Abrücken von nebensächlichen Normen Entgegenkommen zu zeigen, wichtige Punkte aber durchzusetzen. Solche Vorgaben werden oft als unveränderlich akzeptiert.

Die Berufung auf eine Redensart oder auf ein Sprichwort bedeutet das Heranziehen einer Autorität.
»Schon in der Bibel steht geschrieben...«
»Schon Goethe hat gesagt...«
»Selbst Platon war der Auffassung...«
»Eine alte Volksweisheit sagt...«
Auch Überschriften, Slogans, Werbesprüche, sie alle gewinnen ihre Autorität dadurch, daß sie bekannt sind.

Man beruft sich auf vorgeblich akzeptierte Normen:
»Es ist halt so.«
»Das war schon immer so.«
»Unser Firmengründer hat das damals schon so gehandhabt, und das hat sich bewährt.«
Das sind Formeln, die man immer wieder hört, so unsinnig sie auch sind. Sie sind vor allem deshalb so wirksam, weil sie sich nicht leicht widerlegen lassen und weil man gewöhnt ist, sie gelten zu lassen.

Normen sind in ihrem Ursprung zum Teil anonym. Diese Anonymität ist meist stärker, als eine dahinterstehende Person sein könnte. Wer sie angreifen will, findet kaum einen Angriffspunkt, sein Ansturm läuft leicht ins Leere. Die Macht der Norm hingegen wird durch die Allmacht des Unerreichbaren gesichert.

Wer etwas erreichen will, kann auf die Normen und Konventionen derjenigen achten, bei denen er etwas erreichen will.

Wenn Sie zum Beispiel einem Moslem ein Faß Branntwein verkaufen wollen, dann widersprechen Sie nicht seinem Einwand, daß ihm das Trinken von Alkohol durch den Koran verboten sei, sondern loben Sie lieber diese weise Norm und zeigen Sie ihm dann einen Ausweg: Schlagen Sie ihm zum Beispiel vor, den Alkohol als Medizin einzunehmen.

Wenn jemand eine Norm nennt, die ihn hindert, etwas zu tun, kann man ihm eine andere Norm nennen, die er gleichfalls akzeptiert. Wenn Sie ihm zeigen können, daß die angeführte Norm höherwertig ist als seine ursprüngliche, so wird er vermutlich danach handeln. Gelingt es nur, ihm die Gleichwertigkeit der anderen Norm zu zeigen, gerät er in einen Normenkonflikt, der für ihn durch Anordnung oder Befehl kurzfristig zugunsten der Befehlsbefolgung gelöst werden kann. Langfristig führt ein ungelöster Normenkonflikt aber meist zu schweren psychischen Belastungen und Krisen.

Eine weitere Manipulationsform ist es, wenn in einem Gespräch etwas als Norm gesetzt wird und dann durch eine offene Zusatzfrage wieder davon abgelenkt wird. Die Offenheit der Frage hält dann das Denken des Angesprochenen fest und lenkt von der eigentlichen Norm weg: »Sie werden morgen nach X fahren und dort Y tun. Wollen Sie lieber mit dem Zug oder mit dem Wagen fahren?« Die Reise nach X wird dann leichter akzeptiert.

Verhalten wird durch die Auswahl von Worten bestimmt. Mitarbeiter werden sich möglicherweise anders betragen, je nachdem, ob sie das Mittagessen in einer »Kantine« oder in einem »Restaurant« einnehmen.

Sie werden sich auch anders verhalten, wenn es heißt: »Das Essen muß selbst abgeholt werden« oder aber: »Bitte, bedienen Sie sich selbst!« Die beiden letzten Formulierungen werten die Eßgelegenheit auf und fordern dadurch von den Mitarbeitern ein gepflegteres Benehmen. Auch hier werden also unterschwellig verinnerlichte Normen angesprochen und aktiviert. Prüfen sie die Wirkung der Worte in Ihrem Umfeld und treffen Sie gegebenenfalls andere Sprachregelungen.

Wie Sie sich vor Manipulation durch Normen schützen können

Da die Einhaltung von Normen gewöhnlich durch Sanktionen gesichert ist, scheint es kaum möglich, sich grundsätzlich von solcher Fremdsteuerung freizuhalten.

Grundsätzlich sollten Sie aber dazu fähig sein, auch gegen Normen zu verstoßen und Sanktionen in Kauf zu nehmen.

Damit meine ich nicht, Sie sollen gegen Gesetze verstoßen, sondern Sie sollten sich von Konventionen, wie sie uns überall begegnen, lösen können. Wenn Sie dazu nicht in der Lage sind, wird Ihr Verhalten fremdgesteuert und Sie verlieren an Autonomie und Selbstentfaltungsmöglichkeit.

Sie werden jedoch eine Abwägung zwischen dem Wert der Verwirklichung Ihrer Ziele und den zu erwartenden Sanktionen vornehmen müssen, um dann Ihre Entscheidung für oder gegen einen Normverstoß zu treffen.

Wenn Sie nach dem Sinn bestimmter Normen fragen, werden Sie in vielen Fällen keinen Sinn entdecken. Das liegt daran, daß nicht der Inhalt einer Norm, sondern die Norm selbst einen Sinn hat, nämlich den, Verhalten mehrerer Menschen zu koordinieren.

Da Normen in ihrer Gültigkeit davon abhängen, ob sie von Menschen befolgt werden, lassen sie sich durch Befolgen oder Nichtbefolgen stabilisieren oder abschwächen.

Wenn Sie sagen würden: »Ab morgen gelte die Norm: Alle deutschen Männer sollen Zipfelmützen tragen«, wird sich vermutlich niemand daran halten. Somit wird es keine Norm. Normen verändern sich dadurch, daß sie nicht mehr befolgt werden.

Akzeptieren Sie Vorschriften, Gesetze, Bestimmungen nicht als gottgegeben oder unveränderlich. Keine Norm ist selbstverständlich, jede ist von Menschen als Vereinbarung gesetzt und kann verändert werden. Finden Sie sich also nicht grundsätzlich mit vorgegebenen Normen ab.

Lassen Sie sich nicht abspeisen durch die Auskunft, etwas sei eben so und sei immer so gewesen. Fragen Sie nach Gründen, und entscheiden Sie dann selbst, ob Sie diese Gründe akzeptieren oder nicht. Weigern Sie sich gegebenenfalls, unsinnigen Normen zu entsprechen.

Durchbrechen Sie Konventionen bewußt. Spielen Sie andere Verhaltensmöglichkeiten zumindest gedanklich durch. Fragen Sie sich gelegentlich, warum Sie sich so und nicht anders verhalten. Wer fordert dies Verhalten von Ihnen, und was wäre, wenn Sie sich anders verhielten? Prüfen Sie, ob Ihre Schuld-, Scham-, Angst- und Minderwertigkeitsgefühle einer Situation angemessen sind. Wenn sie unangemessen sind, handeln Sie so, wie Sie ohne diese Gefühle handeln würden.

Selbstbestimmtes Handeln verlangt von Ihnen die Fähigkeit, sich im eigenen Handeln auch nicht durch die Ablehnung anderer Menschen beirren zu lassen.

Wenn Ihnen Normen überholt erscheinen, handeln Sie unter Abwägung der Folgen ruhig dagegen. Häufig wird dadurch eine Norm erst für andere Menschen als nicht selbstverständlich erkennbar, und durch das Nachdenken darüber entfallen befürchtete Sanktionen.

Damit ist die alte Norm hinfällig. Auch wenn ein solcher Prozeß einige Zeit dauern mag, und wenn der Normbrecher zunächst angegriffen wird, so wird sein Verhalten doch häufig zuletzt toleriert.

Viele Normen werden durch einzelne Menschen gesetzt. Veränderungen dieser Normen können durch Herabsetzung der Autorität dieser Personen oder in der Auseinandersetzung mit ihnen erreicht werden.

Beispiel: Ein Chef setzt in seiner Abteilung Normen. Sie werden verändert, wenn entweder die Mitarbeiter mit ihrem Chef darüber diskutieren, oder aber auch indem sie sie geschlossen ignorieren und nicht befolgen. Der Chef wird sich dann ziemlich schnell erneut mit der Gruppe treffen, um eine neue Vereinbarung zu treffen, die dann als Konvention, d. h. Übereinkunft länger halten wird.

Viele Normen sind mit Sanktionen verbunden, denen man sich leicht entziehen kann. Trotzdem verhalten sich viele Menschen gemäß diesen Normen.

Andere Normen werden durch Schuldgefühle, Schamgefühle, Ängste oder Minderwertigkeitsgefühle sanktioniert, was für die Normerfüllung außerordentlich wichtig ist. Solche Sanktionen wirken nicht unmittelbar von außen, sondern in den Menschen selbst.

Beispiel: Ein Jugendlicher mag von seiner Mutter aufgefordert werden: »Mit zerrissenen Jeans geht man nicht ins Theater.« Damit formuliert die Mutter eine Norm. Die Sanktionen der Mutter, die Normerfüllung durchzusetzen, sind einigermaßen beschränkt. Sie werden sich auf leichten psychischen Druck begrenzen.

Aber abgesehen von dem Wunsch der Mutter: Welche Sanktionen wären für den Jugendlichen im Theater zu befürchten? Im schlimmsten Fall könnte ihm der Einlaß wegen unangemessener Kleidung verwehrt werden. Vermutlich geschieht das nicht.

Hier begegnet uns eine andere Norm: Konformität! Ihre Nichteinhaltung wird noch vor äußeren Sanktionen durch ein Gemisch unangenehmer Gefühle bestraft. Wer mit »unmöglicher« Kleidung ins Theater geht, mag dabei selbst Verlegenheit oder Peinlichkeit empfinden.

Akzeptieren Sie nicht sofort vorgedruckte Geschäftsbedingungen, sondern verhandeln Sie darüber. Je mehr Konventionen schon vom Partner im voraus festgelegt wurden, desto weniger Verhandlungsspielraum bleibt Ihnen sonst.

Haben Sie auch den Mut, ein Geschäft nicht abzuschließen, wenn Ihnen die Geschäftsbedingungen nicht passen. Vielleicht ändert der Partner dann seine Bedingungen.

Überlegen Sie genau, bis zu welchem Maß Sie bereit sind, Geschäftsbedingungen zu akzeptieren. Definieren Sie Ihre Grenze vorher, sonst überredet ein anderer Sie leicht zu seinem Vorteil.

§ 8 Die Gefühlsdimension der Sprache

Wenn die Kollegen X und Y sich nicht riechen können, werden sie einander in einer Mitarbeiterbesprechung kaum in ihren Ansichten unterstützen. Vermutlich würden sich beide lieber die Zunge abbeißen, als in einer Abstimmung im Sinn des Gegners zu votieren.

Eine alltägliche Situation. Gefühle, die Menschen haben, schlagen sich sofort in ihrem Verhalten und in ihren Äußerungen nieder. Dabei mag ein Gespräch durchaus scheinbar sachlich geführt werden:

Der Vorschlag des Kollegen X mag ausgezeichnet sein. Kollege Y aber kann einwenden: »Mir scheint, der Vorschlag ist noch nicht ausreichend bedacht, wir sollten eine Kommission einsetzen, um die Sache zu prüfen und zu einer optimalen Problemlösung zu gelangen.«

Damit hat er

1. den Vorschlag von X zurückgewiesen,
2. X unterstellt, daß er seinen Vorschlag nicht ausreichend bedacht hat,
3. ihm Oberflächlichkeit unterstellt,
4. ihm die Kompetenz zur Entscheidung abgesprochen und durch all dies
5. X selbst zurückgewiesen und vor den anderen Kollegen herabgesetzt.

X wird über Y erbost sein und auf Rache sinnen. Seine unmittelbare Wut kann er allerdings nicht äußern, weil er sich damit bloßgestellt fühlen würde.

Entweder kontert er sofort und kämpft um Rehabilitation, oder aber er braucht etwas Zeit, um sich von diesem Schrecken zu erholen und greift ein, wenn Kollege Y sein angekündigtes Referat über... hält. Er wird sich bemühen zu stören und es zu zerreißen. Das kann durch einen Antrag zur Geschäftsordnung geschehen, durch einen Hinweis auf die schlechte Belüftung des Raumes, durch die Bitte um eine Pause etc.

Möglicherweise aber wird er auch dem Kollegen Y eine Reihe von Fragen stellen, in der Hoffnung, Y dadurch in Verlegenheit zu bringen. Fragen übrigens, die fachlich so hochqualifiziert sind, daß Y es sich nicht erlauben kann, sie zu übergehen.

Vielleicht macht X auch eine Bemerkung zum Ende des Referats: »Das klingt theoretisch alles ganz gut, bloß, Herr Y, wo ist der Bezug zu unserer täglichen Praxis heute und morgen?«

Blenden wir uns hier aus der Situation aus. Jeder kann sich ausmalen, wie die beiden versuchen, gegeneinander Intrigen zu spinnen und einander zu schaden.

Kollegen X und Y gibt es überall. Der Kollege A, der X und Y kaum kennt und nicht um ihre Rivalität weiß, braucht dabei von all dem nicht viel zu bemerken. Äußerlich wird die Auseinandersetzung auf einer »rein sachlichen Ebene« ausgetragen.

Nur: Wenn das so abläuft, wer dürfte da noch auf sachlich angemessene und fundierte Entscheidungen hoffen können?

Ich glaube nicht daran. Die oben geschilderte Situation ereignet sich täglich in so vielen Nuancen, daß von Rationalität nicht die Rede sein kann. Dabei bleibt dieses Spiel den meisten Teilnehmern größtenteils unbewußt. Sie selbst glauben oft an die Rationalität ihres Verhaltens.

In Wirklichkeit aber fließen in jede Entscheidung, in alles Verhalten, Emotionen als zentrale Beweggründe ein. Das in einem Maß, welches auf den ersten Blick zugleich verblüffen und erschrecken mag: Ungefähr neunzig Prozent des Verhaltens von Menschen ist nichtrational bestimmt. Oft gerade da, wo sie vorgeben und glauben, rational zu sein. Wir haben gelernt, fast unser gesamtes Verhalten durch rationale Gründe zu erklären.

Anschaulich gemacht werden konnte diese Fähigkeit, emotionale Antriebe zu rationalisieren, durch ein Experiment, das bereits in den zwanziger Jahren durchgeführt wurde:

Einer Versuchsperson wurde im Zustand der Hypnose der Befehl gegeben, am nächsten Tag um 12 Uhr das Licht einzuschalten. Nachdem sie aus der Hypnose geweckt worden war, konnte sich diese Person nicht an den gegebenen Befehl erinnern. Dennoch schaltete sie am nächsten Tag um 12 Uhr das Licht ein.

Gefragt, warum sie dies tue, antwortete die Versuchsperson: »Ich dachte gerade daran, der Schalter könnte defekt sein, und da wollte ich ihn mal ausprobieren.«

Hier wird deutlich, daß ein unbewußt vorhandener Verhaltensimpuls auf Anforderung einigermaßen rational begründet werden kann. Das nächste Beispiel zeigt, daß eine positive Ansprache der Emotionalität Wunder wirkt:

Ein »Heiratsschwindler« wurde gefragt, wie er als nicht besonders schöner Mann Erfolg bei Frauen haben konnte. Seine Antwort: »Ich war immer höflich und habe stets nur Gutes über die betreffende Dame gesagt.«

Trotz anderslautender Meldungen ist der Mensch kein vernünftiges Lebewesen, sondern ein vor allem durch seine Gefühle getriebenes Wesen, das nur gelegentlich Spuren von Vernunft aufweist. <u>Die Rationalität gleicht gewissermaßen einem Fettauge, das auf der Suppe schwimmt.</u>

In der Entwicklungsgeschichte des Menschen ist der emotionale Bereich der ältere. Er ist auch bei den Tieren vorhanden. Ansätze von Rationalität gibt es erst bei den höherstehenden Primaten. Von unserer tierischen Vergangenheit sind wir noch nicht so weit entfernt, wie wir es uns manchmal gerne einbilden.

Insofern sollten wir unserem bißchen Rationalität nicht blindlings vertrauen.

Wie sieht es nun mit den Gründen für das Verhalten von Menschen aus?

- Ein Mensch hat für sein Verhalten meist mehr als einen Grund.
- Die von ihm angegebenen Gründe müssen mit seinen tatsächlichen Motiven nicht übereinstimmen.
- Er kann die Gründe für sein Verhalten selten überschauen oder gar kritisch betrachten.
- Bei mehreren Motiven bei einer Verhaltensentscheidung siegt nicht immer das rationalste.
- Meistens weiß ein Mensch nach seinem Handeln die Gründe dafür besser als vorher. Es sind allerdings meist die falschen Gründe.
- Oft wünscht und flieht ein Mensch etwas gleichzeitig.

- Manche Gründe verheimlicht ein Mensch vor sich selbst. Er verdrängt sie aus seinem Bewußtsein.
- Verhalten ist stark durch Vorurteile geprägt, eine Auseinandersetzung mit neuen Gründen erfolgt selten.
- Der Mensch ist ein Gewohnheitstier. Verhalten geschieht großenteils immer wieder aus den gleichen Antrieben heraus.

Wie sollen wir nun trotz eigener Gefühle mit der Emotionalität anderer Personen umgehen? Wie können wir vielleicht doch etwas von der Rationalität verwirklichen, die für das Zusammenleben von Menschen auch sehr nützlich sein könnte?

Beeinflussung durch Gefühlsansprache

Gegen negative Emotionen läßt sich wenig ausrichten. Rationalität ist dagegen erst recht machtlos. Erreichen läßt sich am meisten, wenn sich beide Gesprächspartner positive Emotionen entgegenbringen, das heißt, wenn sie einander sympathisch sind. Voraussetzung für eine gelingende Kommunikation ist nicht nur eine Neutralität der Gefühle, sondern eine positive emotionale Resonanz.

Verfallen Sie nicht in den Aberglauben, es gebe Sachlichkeit in reiner Form. Streben Sie diese »reine« Sachlichkeit auch nicht an. Wenn man von ihr spricht, fügt man gern das Adjektiv »eiskalt« hinzu. Emotionale Ansprache soll Wärme und dadurch Überzeugungskraft schaffen.

Sagen Sie nicht: »Lassen Sie uns doch vernünftig miteinander reden«, denn es ist nicht möglich, seine Gefühle auszuschalten. Ist Ihr Gesprächspartner in schlechter Laune oder empfindet er Ihnen gegenüber Antipathie, werden Sie bei ihm kaum etwas erreichen.
Bemühen Sie sich zuerst (bevor Sie versuchen, ihn zu überzeugen), seine Stimmung positiv zu beeinflussen und seine

Einstellung Ihnen gegenüber freundlicher zu gestalten. Frühestens dann können Sie einigermaßen sachlich miteinander reden.

Es gibt die Empfehlung, man solle über eine Sache erst einmal schlafen. Diese Empfehlung hat darin ihren Sinn, daß sich starke Gefühlsaufwallungen über Nacht während des Schlafs neutralisieren. Während die eigene Einstellung zuvor durch Emotionen eingefärbt wurde, kann man nach dem Erwachen Situationen meist ungetrübter einschätzen und beurteilen.

Drücken Sie das, wovon Sie überzeugen wollen, möglichst positiv gewertet aus. Verleihen Sie dem, was Sie sagen, eine positive emotionale Bedeutung.

Sagen Sie nicht: »Öffnungszeit Montag bis Donnerstag von 8 bis 17 Uhr. Freitag nur bis 15 Uhr«, sondern sagen Sie lieber: »Montag bis Donnerstag sind wir von 8 bis 17 Uhr für Sie da, freitags von 8 bis 15 Uhr.«

Sagen Sie auch nicht: »Hier haben wir noch einen Restposten«, sondern sagen Sie: »Hier haben wir noch ein besonders günstiges Angebot.«

Sagen Sie nicht: »Das ist für Sie«, sondern: »Ich habe Ihnen dies hier mitgebracht.«

Achten Sie sorgfältig auf Gefühlsäußerungen eines Gesprächspartners. Zeigt er positive Gefühle, gehen Sie darauf ein und bleiben Sie länger bei dem Thema. Zeigt er negative Gefühle, wechseln Sie möglichst das Thema.

Fast alle gefühlsmäßigen Reaktionen von Menschen lassen sich im körpersprachlichen Ausdrucksverhalten erkennen und daraus deuten. Achten Sie deshalb auf Mimik und Gestik Ihrer Gesprächspartner.

Ein Abwenden des Kopfes, ein Abwenden des Blickes, ein Abwenden des Oberkörpers, ein Zurücklehnen, ein Heranziehen der Füße, all das kann bedeuten, daß ein Gesprächspartner nicht mit dem einverstanden ist, was Sie sagen oder sich unwohl fühlt.

Halten Sie, wenn Sie das bemerken, inne, und versuchen Sie Klarheit über die Einstellung des anderen zu gewinnen. Fragen Sie, was er meint, bringen Sie ihn zu Wort, oder korrigieren Sie sich eventuell im nächsten Satz selbst.

Beispiel: In einem Bewerbungsgespräch stellen Sie sich als Akademiker vor. Ihr Gesprächspartner zeigt eine negative Reaktion. Dann könnten Sie weitersprechen: »Aber ich habe mich mit diesen theoretischen Kenntnissen nicht zufriedengegeben und mich deshalb auf praktischem Feld um Erfahrungen bemüht.«

Oder eine kleine Anekdote: Ein Metzger, der seinen Sohn in den Umgang mit Kunden einwies, lehrte ihn folgendes: »Wenn die Frau Meier kommt und zwei Schnitzel à 150 Gramm verlangt, fragst du: Darf es auch etwas mehr sein? Vermutlich sagt sie ja, und du legst gleich zwei Schnitzel à 250 Gramm auf die Waage. Dann sagst du und schaust dabei der Frau Meier aufmerksam ins Gesicht: Das macht acht Mark – und wenn sie keine Miene verzieht, sagst du: und fünfundneunzig. Dabei beobachtest du sie weiterhin scharf, und wenn sie noch immer keine Miene verzieht, sagst du: das Stück.«

Sagen Sie Ihrem Gesprächspartner Dinge, die ihm angenehm sind: Positives über ihn selbst zum Beispiel. Dann wird er sich ihnen gegenüber leichter aufschließen. Jeder Mensch wünscht sich vor allem, geliebt, geachtet und anerkannt zu werden, recht zu haben und von Bedeutung zu sein.

Vermitteln Sie ihm diese Gefühle:
»Ich freue mich, Sie zu sehen!«
»Ich habe viel Interessantes und Erfreuliches über Sie gehört.«
»Sie sind doch auf diesem Gebiet als Fachmann bekannt.«
»Sie waren doch schon immer der Auffassung, die sich jetzt bestätigt hat.«

»Ich bewundere Ihr Talent für ...«

Seien Sie freundlich. Jemanden, der lächelt, wirft man so leicht nicht hinaus. Wenn Sie freundlich sind, wird man auch Ihnen freundlich begegnen.

Haben Sie Mut, Gefühle zu zeigen. Haben Sie auch den Mut zum emotionalen Appell. Er wirkt oft, wo rationale Argumente versagen.

Je stärker Sie positive Gefühle hervorrufen, desto intensiver geben Sie Zuwendung. Je mehr Zuwendung Sie aber anderen geben, desto mehr Sympathie werden Sie zurückerhalten. Sympathie und Vertrauen gehen meistens Hand in Hand.

Es ist leicht vorstellbar, daß Menschen, die sich verstehen und einander vertrauen, nicht lange argumentieren und diskutieren, sondern sich mit einem Klaps auf die Schulter oder einem freundschaftlichen Rippenstoß verständigen: »Wenn du meinst, wird es schon richtig so sein.«
Oder: »Ich lasse Ihnen freie Hand, machen Sie mal.«
Was könnte sonst das Ziel von Menschenbeeinflussung sein, als Vertrauen zu erhalten?

Achtung: Gefühle trügen selten.

Vielleicht haben Sie schon ähnliches erlebt: In einem Bewerbungsgespräch stellte sich vor zwei Beurteilern ein junger Mann vor und erweckte mit seinen Zeugnissen und dem, was er sagte, einen guten Eindruck. Beide Beurteiler fanden nichts an ihm auszusetzen, sie empfanden lediglich ein vages Unbehagen. Der Bewerber war ihnen nur eingeschränkt sympathisch. Da ein konkreter Grund fehlte, entschieden sie sich für die Einstellung.

Es stellte sich im Lauf der Probezeit heraus, daß der Bewerber unzuverlässig war und sich für die Stelle nicht eignete. Was ist daraus zu entnehmen?

Die beiden Beurteiler hatten unbewußt mehr wahrgenommen, als sie mit dem Verstand erkannt hatten. Auf eine dem Bewußtsein nur schwer zugängliche Weise wird auf der emotionalen Ebene sowohl gesendet als auch empfangen. Im geschilderten Fall stimmten rationale und emotionale Wahrnehmungen nicht überein, daraus resultierte das Unbehagen.

Für wichtige Entscheidungen sollten Sie stets auf die eigenen Gefühle Rücksicht nehmen. Nur mit wichtigen Gründen sollten Sie sich gegen Ihre Gefühle entscheiden.

Bemühen Sie sich um positive Gefühle für die Menschen, mit denen Sie häufig zu tun haben. Das gelingt am besten, wenn man sich bemüht, sie tiefer von innen her zu verstehen.

Wenn es dennoch nicht glücken will, kann eine Kommunikationssituation häufig dadurch verbessert werden, daß man mit dem betreffenden anderen Menschen über die eigenen (negativen) Gefühle spricht und gemeinsam versucht, die Gründe für dies Empfinden zu klären. Oft wirkt ein solches Gespräch Wunder, und daraus entwickelt sich eine positive Beziehung.

Gefühle sind sehr hartnäckig. Zu jemandem, der mit Ihnen auf Kriegsfuß steht, werden Sie so schnell keine positive Beziehung aufbauen. Dazu bedarf es langer Vorbereitungen und Mühen.

Achten Sie besonders bei Menschen, zu denen Sie eine längere Beziehung haben oder haben werden, darauf, daß Sie den Grundstein für diese Beziehung positiv legen. Im Interesse Ihrer eigenen Lebensfreude und Gesundheit sollten Sie alles daransetzen, einen jahrelangen zermürbenden Kleinkrieg zu vermeiden.

Viele Menschen kaufen nur bei dem, der ihnen sympathisch ist. Bauen Sie darum im genannten Sinn ein Sympathiefeld um sich auf. Das ist auf Dauer die wirksamste Menschenbeeinflussung, die sich vorstellen läßt.

Fragen Sie sich, wie Sie sich bisher anderen Menschen gegenüber verhalten haben. Was haben Sie alles versäumt hinsichtlich eines positiven Klimas? Wo könnten Sie Ihre Bemühungen verstärken?

Geben Sie Menschen, die zornig, wütend oder ärgerlich sind, Gelegenheit, ihre negativen Emotionen zu äußern, ja auszutoben. Fragen Sie, was los sei, worin das Problem bestehe, wer es verursacht habe, und lassen Sie den Erregten reden.

Widersprechen Sie nicht, bevor Sie sich alles angehört haben. Erst wenn der andere von sich aus schweigt, wenn ihm »die Luft ausgegangen« ist, klingen seine Emotionen ab. Frühestens dann können Sie wieder einigermaßen rational mit ihm reden.

Möglicherweise wird Ihnen ein anderer auch Sympathie entgegenbringen, weil Sie auf seinen Ärger eingegangen sind (besonders, wenn er auf Sie ärgerlich war). Einmal Dampf ablassen zu dürfen, kann sehr befreiend wirken. Menschen, die keine Möglichkeit haben, Ärger, Wut oder Aggressionen zu äußern und sie statt dessen in sich hineinfressen, neigen nachgewiesenermaßen zu psychosomatischen Krankheitsbildern.

Bemühen Sie sich, Ihr Besprechungszimmer so einzurichten, daß sich andere Menschen darin wohl fühlen können. Angefangen von bequemen Sitzgelegenheiten, sollten Sie auf ausreichende Beleuchtung und Belüftung achten und Gespräche durch gelegentliche Pausen lockern.

Darüber hinaus können Sie Ihre Gesprächspartner durch wohlausgewählte Erfrischungen positiv stimulieren. Wenn Sie sich an bestimmte Vorlieben einzelner Personen hinsichtlich Getränken, Zigarettenmarken oder an einen bevorzugten Sitzplatz erinnern, zeichnet Sie das als besonders aufmerksamen »Gastgeber« aus. Ein Raum sollte nicht zu nüchtern, nicht zu sachlich, nicht zu funktionell gestaltet sein. Eine persönliche Note ist durchaus begrüßenswert. Die Einrichtungsgegenstände selbst (von den Heizkörpern einmal abgesehen) sollten Wärme ausstrahlen. In diesem Sinn sind Textilien (Teppich,

Gardinen, Tischdecken, Wandbehänge), Holzgegenstände (Möbel, Täfelung) und Tapeten geeignet.

Wichtig ist vor allem eine durchdachte Sitzordnung. Für eine Gruppe ist ein runder oder quadratischer Tisch gut geeignet, weil die Gesprächspartner dann alle in ansprechbarer Nähe beieinander sitzen und kein Platz vor anderen besonders herausgehoben ist. Im Zweiergespräch ist ein kleiner Tisch zu bevorzugen; der Sitzwinkel zueinander sollte zwischen 90 und 180 Grad betragen.

Achtung, Gefahr! Wenn es einem Gesprächspartner gelingt, Sie selbst negativ zu stimulieren und zu einem Gefühlsausbruch zu verleiten, ergibt sich für ihn Gelegenheit, Ihre Unkontrolliertheit für sich auszunutzen.

Versuchen Sie, Ruhe zu bewahren und Problempunkte klar anzusprechen.

Wenn Sie jemandem persönliche Wertschätzung signalisieren wollen, sagen Sie nicht: »Sie sind ein fähiger Mann«, sondern: »Ich halte Sie für einen fähigen Mann.«

Stellen Sie sich also selber hinter die Aussage. Sie machen damit nicht eine objektive Aussage, sondern eine Mitteilung über Ihre Gefühle. Sie geben etwas von sich und erreichen damit mehr als mit einer lapidaren Feststellung, von der der Angesprochene ohnehin überzeugt ist: Er hält sich für fähig. Worauf er allenfalls Wert legt, ist, daß Sie ihn auch für fähig halten.

Ein Mensch, der die Kunst beherrscht, sensibel auf die Gefühle anderer zu reagieren und der fähig ist, Gefühle zu äußern, ist beliebter als einer, der eiskalt ist. Die Fähigkeit, Gefühle zu äußern, bedeutet nicht Schwäche, sondern Stärke.

Nur wer sich öffnet, kann anderen Personen näherkommen. Nur der aber findet Mut zur Nähe, der sich seiner selbst sicher ist. Er hat keine Angst vor Ablehnung. Ängstliche und unsichere Menschen scheuen sich oft, Gefühle zu zeigen.

Vermeiden Sie es, anderen Menschen direkt zu widersprechen. Leicht versteht ein anderer Widerspruch als persönlichen Angriff.

Sagen Sie darum nicht: »Nein, so ist das nicht«, sondern: »Du magst es so sehen, ich sehe das anders.« Auch auf die zweite Äußerung kann eine Diskussion folgen. Im Gegensatz zur ersten wird dann aber nicht darum gestritten, wer recht hat, sondern Standpunkte werden verglichen und im optimalen Fall einander angeglichen.

Sie können allerdings auch eine Meinung indirekt angehen.

Beispiel: Sie treten für eine neue Niederlassung in den USA ein, Ihr Partner dagegen bevorzugt Japan. Nun könnten Sie so vorgehen, daß Sie nicht die Idee Ihres Partners angreifen, sondern am amerikanischen Markt das loben, was am japanischen mißfällt: die langfristige Stabilität, die hohe Nachfrage nach Luxusgütern etc.

Argumentieren Sie über den Verstand zu den Gefühlen. Gefühle wirken dauerhafter.

Viele Worte sind Auslöser von Gefühlen. Versuchen Sie, solche Worte herauszufinden und zu verwenden. Wichtige Worte zum Verkaufen sind: gratis, neu, Gelegenheit; außerdem: fortschrittlich, erstaunlich, sensationell, revolutionär (Die Revolution auf dem Staubsaugermarkt), noch besser; auch: natürlich, echt, rein – dadurch wird abgegrenzt von Unechtem, Künstlichem, Schmutzigem. Ebenso Worte wie: frisch, wahr, klar, frühlingshaft, sommerlich, herbstlich, winterlich etc. Werbung und Public-Relations zielen auf positive Emotionen ab, die sich mit einem Namen oder Produkt verbinden.

So werben beispielsweise Banken mit Bildern von gutaussehenden jungen Leuten oder Bausparkassen mit Abbildungen von Frauen, die unbekleidet in einer Badewanne sitzen. Für Getränke wird mit der Reinheit und Frische ferner Meeresstrände geworben, verstärkt durch Sonne und Palmen sowie mit kaum verhüllten Eingeborenen-Mädchen. Alles, was beim Betrachter positive Emotionen und Assoziationen auslösen könnte, wird aufgeboten. In diesem Sinn ist die kommerzielle Werbung nicht stark unterschieden von der Werbung zwischen Mann und Frau: Sie ist das Bemühen, eine unbändige Lust und Besitzgier zu entfesseln.

5 Sprache als Vermittler zwischen Realität und Individuum

Zwischen Realität und Individuum hat die Sprache zunächst die Rolle eines **Informationsträgers**. Die Sprache ist ein geistiges Medium, mit dem die Realität für den Einzelnen erfaßbar wird und mittels dessen er damit umgeht. Welche Beeinflussungsmöglichkeiten in dieser Hinsicht bestehen, zeigt § 9.

Selbst wenn durch die Sprache objektive Erkenntnisse über die Realität vermittelt werden könnten, ist jeder einzelne Mensch aber durch seine persönlichen **Bedürfnisse** auf eine bestimmte Weise gegenüber der Welt und Situationen in ihr eingestellt. Dadurch wird seine Wahrnehmung beeinflußt. Je unbewußter das dem Einzelnen bleibt, desto größer sind die Möglichkeiten für andere, ihn manipulativ zu beeinflussen und von außen zu steuern. Davon handelt § 10.

§ 9 Sprache als Informationsträger

Eine Funktion von Sprache ist die Übermittlung von Information.

Information ist eine Größe, die gleichwertig neben Energie und Materie steht. Sie ist meßbar und ihre Maßeinheit ist als 1 bit definiert. Das ist das Ergebnis einer binären Entscheidung: ja – nein.

Letztlich sind alle Natur- und Lebensvorgänge eine Übertragung von Information: Fortpflanzung bedeutet nichts anderes als Weitergabe oder Vervielfältigung von Information. Überall begegnet man Informationen: In jedem Bild, in jedem Gegenstand, den wir betrachten, stecken Tausende von Informationen. Es kommt nur darauf an, daß wir in der Lage sind, diese

Informationen in all ihren Dimensionen zu erkennen und zu verarbeiten.

Auch in Gesprächen werden Informationen vermittelt. Das kann jedoch in unterschiedlichem Ausmaß vor sich gehen. Der Informationsanteil eines Gespräches kann Kern, aber auch Nebensache sein. Die Beziehungsfunktion oder das Selbstausdrucksbedürfnis können im Vordergrund stehen.

Nehmen wir beispielsweise einen Stuhl, und fragen uns, was für Informationen er enthält. Mit etwas Übung und Vorwissen läßt sich wie in einem Buch an ihm lesen:

Aus seiner **Form** läßt sich erkennen: ein Stil, die Zeit seiner Herstellung, evtl. der Ort seiner Herstellung, etwas über das ästhetische Empfinden einer Zeit, etwas über Wohnungseinrichtungen zur Zeit seiner Herstellung, etwas über die Art der Werkzeuge des Herstellers und über seine Geschicklichkeit, damit umzugehen.

Aus dem **Material** des Stuhls läßt sich ersehen: die Art des Holzes; die Zeit, wann das Holz gewachsen ist; die Zeit, wann es gefällt wurde; die Gegend des Wachstums; die Klimaverhältnisse jener Gegend während der Zeit des Holzwachstums; außerdem: die chemischen Bestandteile des Holzes, chemische Elemente und Verbindungen.

Aus dem **Zustand** läßt sich ablesen: Intensität und Häufigkeit des Gebrauchs; Art und Sorgfältigkeit der Pflege; die Wertschätzung, welche dem Stuhl zuteil wurde.

Wenngleich bei der Erhebung dieser Informationen Unsicherheiten dadurch bestehen, daß ein Vorwissen erforderlich ist, so ist doch unbestreitbar, daß ein Stuhl diese Informationen in sich trägt. Je mehr Vorinformation jemand hat, desto mehr Informationen kann er aus einem Stuhl gewinnen. Wer nicht lesen kann, legt ein Buch, das keine Bilder enthält, beiseite. Ihm fehlt der Schlüssel zu den Informationen.

Folgendes mag aus dem Beispiel klar werden: Die Menge an Information (nicht nur über diesen Stuhl) ist unbegrenzt. Die ganze Welt ist erfüllt mit Information, ja sie besteht nur aus informationstragenden Teilen. Wegen dieser Fülle aber bedeuten alle diese Informationen zunächst einmal nichts.

Information muß notwendig erst bearbeitet werden, bevor sie Bedeutung *für* jemanden gewinnt. Dazu muß sie ausgewählt, gewertet und geordnet sowie mitgeteilt werden. Immer müssen Menschen etwas hinzutun. Manipulation von Information ist demnach unvermeidlich. Jede Information, die durch Sprache mitgeteilt wird, ist bereits bearbeitet. Je mehr Menschen sie weitertransportieren, desto stärker wird sie verändert.

Jede Information wird aufgrund eines Interesses gewonnen. Immer entscheidet die Frage an einen Gegenstand oder eine Situation über die Information, die man erhält. Je nachdem, ob man sich für den Stil oder für die Beschaffenheit eines Stuhls interessiert, wird man unterschiedliche Informationen erhalten. Wer nur am Stuhl als Sitzgelegenheit interessiert ist, übersieht vermutlich die anderen Dimensionen des Stuhls. Er achtet nicht auf Empire-, Jugend- oder Bauhausstil, sondern ob er eine verstellbare Rückenlehne hat und wie hart er gepolstert ist.

Die Tatsache, daß Informationen aufgrund von Einstellungen und Voreingenommenheiten ausgewählt werden, erklärt, warum verschiedene Menschen zum gleichen Problem unterschiedliche Meinungen haben und davon fest überzeugt sind: Aus ihrer spezifischen Interessenlage heraus haben sie genau die Informationen ausgewählt, die diesen Interessen am besten entsprechen, und diese dann zur Grundlage ihrer Entscheidung gemacht.

Die Auffassung, Entscheidungen ließen sich allein auf der Grundlage von Informationen treffen, das heißt, die Rationalität einer Entscheidung steige proportional mit der Menge der berücksichtigten Information, ist reiner Aberglaube. Entscheidungen bleiben bei aller versuchten und verlangten Rationalität Entscheidungen.

Informationen selbst haben also keine Bedeutung, sondern immer nur in Hinordnung auf einen Empfänger. Ihr Wert für diesen mißt sich daran, inwieweit sie die Entscheidungs- und

Problemlösungsfähigkeit für ihn vergrößert, verkleinert oder auch nicht verändert.

Erhebung und Weitergabe von Information sind eine grundlegende Funktion von Sprache. Unbewußt teilt Sprache zusätzlich zu Sachinformationen etwas über den Sprecher selbst mit: durch den Tonfall seiner Stimme, durch deren Geschwindigkeit, Lautstärke, Klangfarbe, Temperament, Melodie. Er drückt sich in seiner Wortwahl und im Stil seiner Sprache selbst aus: seine Gefühle, seine Interessen, seine Absichten, seine Stimmung etc.

Wie Informationen manipuliert werden

Das Grundproblem der Manipulation von Information besteht weniger darin, daß jemand bewußt oder absichtlich falsche Informationen gibt, sondern darin, daß sein Interesse ihm einen Sachverhalt in einem spezifischen Licht erscheinen läßt. Hier von manipulierter Information zu sprechen, bedeutet also nicht primär die Rede vom bösen Verführer und Manipulator, sondern von einer ganz natürlichen und ständigen Selektion.

Informationen müssen notwendig aus einer riesigen Fülle ausgewählt werden. Ohne bestimmte Kriterien ist eine solche Auswahl undenkbar; das hat zur Folge, daß jede Information als Substrat begrenzt und einseitig ist. Nur wird allerdings der Grad dieser Begrenzung selten mit der Information zugleich mitgeteilt. Oft ist sie dem, der informiert, selbst gar nicht bewußt.

Wenn Sie von einem Gemüsemarkt mit seinem vielfältigen Angebot zwei Äpfel und zwei Birnen mit nach Hause bringen, so ist dies zwar eine Information über das Angebot des Marktes, aber gewiß keine repräsentative. Dadurch, daß Sie selbst nur Augen für Äpfel und Birnen haben, weil Sie andere Früchte nicht mögen und Gemüse Sie nicht interessiert, wird die Information keineswegs genauer.

Auswahl geschieht aufgrund von Interessen und Vorwissen. Wer ein Buch nicht zu lesen weiß, legt es beiseite; wer aber weiß, daß es interessant ist, ein Buch zu lesen, der bemüht sich darum, lesen zu lernen. Solange jemand nicht vermutet, daß manche Krankheiten durch Bakterien und Viren ausgelöst werden, solange wird er sich nicht um deren Bekämpfung sorgen. Und wer nicht vermutet, daß es möglich ist, Menschen gegen solche Krankheitserreger zu immunisieren, wird keine Impfstoffe entwickeln.

Jede Information kann als Antwort auf eine Frage aufgefaßt werden. Die Art der Fragestellung produziert die Art der Information. Eine Information bedeutet ohne den Zusammenhang einer Frage nichts – sie ist irrelevant.

Stellt jemand eine Frage und ihm wird eine Flut von Informationen zur Antwort gegeben, kann es geschehen, daß der Betreffende aus Mangel an Übersicht nichts damit anfangen kann. Das bedeutet: Informationen müssen dosiert mitgeteilt werden und der Fragestellung angemessen sein. Sie führen sonst nicht zu Orientierung, sondern zu Desorientierung und Konfusion.

Ein Gruppenfoto: neun mal dreizehn Zentimeter groß. Sie interessiert das Gesicht einer Person, Sie lassen dies Gesicht vergrößern. Damit heben Sie aus dem Foto eine bestimmte Information heraus. Die nicht interessierende Information entfällt. Das was interessiert, wird fokussiert.

Interesse ist unter anderem vorgeprägt durch Sprache. Dinge, für die man keine Worte hat, sind für ein Interesse schwer zugänglich. Die Zugriffsmöglichkeit zu ihnen fehlt.

Ein Aktionär wird die Börsennachrichten in der Zeitung aufmerksam verfolgen. Wer keine Aktien besitzt und auch nicht beabsichtigt, sein Geld darin anzulegen, wird diese Seiten vermutlich überschlagen. Gefragt, was das Wesentliche in der heutigen Zeitung gewesen sei, werden verschiedene Personen unterschiedlich antworten: »Der 1. FC Köln hat schon wieder verloren.« Ein anderer: »Meine Aktien sind um drei Punkte gestiegen«, wieder ein anderer: »Im Kino läuft heute der... Film.« Indem Sie bei anderen Menschen ein bestimmtes Interesse wecken, fördern Sie bei ihnen auch die Wahrnehmung bestimmter Informationen.

Häufig wird etwas als wesentliche Information ausgegeben, ohne das zugrunde liegende Interesse zu kennzeichnen. Dies geschieht vor allem, weil sich der Sprechende darüber kaum bewußt ist. Vor sich selbst und vor anderen ist die Rechenschaft über die eigenen Interessen wünschenswert. Dadurch werden Erkenntnisse und Informationen relativiert und in einen Gesamtzusammenhang eingeordnet.

Wer sich um Informationen bemüht, sollte sich sowohl über die eigenen Interessen als auch über die Interessen der Informationslieferanten klar sein oder danach fragen. Nur dadurch ist eine erforderliche kritische Distanz und eine angemessene Gewichtung denkbar.

Wer sich über seine eigenen Interessen klar ist, wird zudem leichter die Berechtigung anderer Positionen aufgrund anderer Interessen verstehen und akzeptieren können.

Die häufigsten Arten von Manipulation der Information sind:

Einseitige Information:
Es werden bewußt oder unbewußt nur Informationen einer bestimmten Art mitgeteilt. Typisches Beispiel: die Berichterstattung der DDR-Medien über die BRD, die in den seltensten Fällen Lügen verbreiteten, ihre Informationen aber sehr einseitig auswählten und bewerteten.

Überinformation:
Bis hin zur Langeweile wird zu einem Thema informiert. So lange, bis niemand mehr weiß, wie ernst er eine Sache nehmen soll und worum es eigentlich geht. Beispiele: Berichter-

stattung über Krisengebiete, über Arbeitslosigkeit, über Überbevölkerung, Hunger und Aids. Kaum jemand fühlt sich ernsthaft betroffen.

Aufwertung oder Abwertung bestimmter Information:
Wichtige Informationen können in einem Bericht kurz am Rande erwähnt werden, nebensächliche aber breit ausgeführt werden. In Zeitungen läßt sich die Gewichtung einer Information sowohl an der Seite, auf der sie gedruckt wird, als auch an der Zeilen- und Spaltenzahl messen. Wie unterschiedlich Zeitungen Informationen bewerten, zeigt sich beispielsweise an der »Bild«-Zeitung, die meist die halbe Titelseite für die Überschrift eines Artikels verwendet, dessen Informationsgehalt in anderen Zeitungen auf drei Quadratzentimeter zusammengefaßt eine Lücke der x-ten Seite füllt.

Unterschlagen von Information:
Derjenige, für den eine Information wichtig ist, erhält sie nicht, weil es den Interessen der Informanten nicht entspricht. Informationen, die zu einem unerwünschten Handeln führen würden, werden vorenthalten. Darin besteht der Wert von Gipfeltreffen der Politiker und Verantwortlichen überhaupt. Ohne zwischengeschaltete und die Information beeinflussende Glieder und Filter (Delegierte, Beauftragte, Diplomaten) können Informationen direkt ausgetauscht werden.

Färbung:
Die Beurteilung einer Information fließt in die Information mit ein. Information wird dadurch verändert, daß sie zugleich mit der Bewertung vorgetragen wird.

Wie Sie von anderen Menschen Informationen erhalten

Gezielt können Sie Informationen erhalten, indem Sie Fragen stellen: »Wo« fragt nach dem Ort; »wann« fragt nach der Zeit«; »wer« fragt nach Personen; »was« fragt nach Ereignissen; »wodurch« fragt nach Ursachen; »wie« fragt nach Abläufen; »wozu« fragt nach Zwecken; »warum« fragt nach Gründen.

Sie erhalten Informationen durch Zuhören. Je geduldiger und aufmerksamer Sie zuhören, desto mehr Information werden Sie erhalten. Berücksichtigen Sie dazu auch die Techniken auf S. 125.

Indiskret fragen heißt direkt erfahren.
Vorsicht allerdings mit dieser Regel. Sie meint: ruhig mutig fragen, aber nicht so, daß der Gesprächspartner verletzt ist. Auf Dauer und im ganzen wird indiskretes Fragen verletzend und wird dazu führen, daß ein Gesprächspartner sich verschließt. Dann gibt es künftig wenig oder gar keine Informationen mehr. Kurzfristig oder in Ausnahmefällen kann indiskretes Fragen allerdings Erfolg haben, denn es gilt als unhöflich, eine Frage nicht zu beantworten. Zur Vermeidung der aus einer solchen Konventionsverletzung resultierenden Schuldgefühle antworten die meisten Menschen.

Eröffnen Sie ein Gespräch freundlich, und knüpfen Sie bei Punkten an, bei denen Sie annehmen können, daß der andere gern darüber spricht. Schließen Sie den Gesprächspartner emotional auf.

Stellen Sie jeweils höchstens eine Frage. Mehrere Fragen erschlagen sich leicht gegenseitig: Der Gesprächspartner kann sich dann eine heraussuchen, die ihm gelegen kommt und die anderen unter den Tisch fallen lassen.

Stellen Sie Ihre Fragen kurz und präzise. Vermeiden Sie es, in eine Frage Erklärungen hineinzupacken, sondern stellen Sie Erklärungen der Frage voran, und formulieren Sie die Frage in einem kurzen Satz. Damit erreichen Sie, daß Gesprächspartner nicht bereits die Antwort auf Ihre Frage überlegen, während Sie noch lang und breit Ihre Frage ausführen und erläutern.

Je angenehmer das Gesprächsklima ist, desto mehr werden Sie erfahren können.

Vorbeugen ist besser als bohren: Bemühen Sie sich um ein gutes Verhältnis zu den Menschen, auf deren Informationen Sie angewiesen sind.

Geben Sie dem anderen das Gefühl, daß seine Antwort auf Ihre Frage für Sie von Bedeutung gewesen ist. Das stärkt sein Selbstwertgefühl und motiviert ihn zu weiteren Auskünften.

Ein Thema, auf das ein anderer nicht gerne eingeht, sollten Sie verlassen und allenfalls später noch einmal in anderer Formulierung ins Gespräch bringen. Vermeiden Sie es, auf einem unliebsamen Thema herumzureiten und Gesprächspartner dadurch zu verärgern und zum Schweigen zu veranlassen.

Schweigsame Menschen können Sie kaum von heute auf morgen zu gesprächigen Menschen verwandeln. Hier bedarf es längerer Bemühung. Folgende Möglichkeiten bieten sich:
a) Prüfen Sie Ihr eigenes Verhalten im Gespräch. Bieten Sie dem anderen überhaupt Gelegenheit zu eigenen Beiträgen?
b) Sprechen Sie mit ihm darüber, daß seine Schweigsamkeit für Sie ein Problem darstellt, und daß Sie sich über seine Ansichten und sein Empfinden unklar bleiben.
c) Wenn der andere etwas sagt, verstärken Sie dieses Verhalten, indem Sie darauf eingehen, die Bedeutung des Gesagten hervorheben und ihm so Anerkennung und Wertschätzung geben.

Wenn jemand sich weigert, Ihnen eine Antwort oder eine Information zu geben, fragen Sie, warum er sich weigert und was er von Ihnen erwartet, bevor er Ihnen diese Information oder Antwort gibt. Sie haben in dieser Situation eine Gelegenheit, eine Beziehung zu klären und zu bereinigen.

Nachdem Sie Informationen erhalten haben, können Sie den Gesprächspartner noch fragen, welche Informationen er für besonders wichtig hält. Dadurch wird es Ihnen leichter, die einzelnen Informationen angemessen zu berücksichtigen und einzuordnen.

Versuchen Sie, in eine Menge von Informationen eine Struktur zu bringen. Dadurch bieten sich Möglichkeiten, künftige neue Informationen schneller und leichter zu verarbeiten und einzuordnen.

Wie Sie Informationen bei anderen Menschen anbringen

Vorsicht! Andere Menschen lassen sich nicht gerne belehren.

Vermeiden Sie also einen belehrenden Tonfall und belehrende Floskeln wie:
Hören Sie mal gut zu.
Ich will Ihnen das mal erklären.
Ich will Ihnen mal sagen, was Sie bestimmt noch nicht wissen.
Passen Sie mal gut auf.

Solche Formeln wirken schulmeisterlich und herablassend; sie geben dem Gesprächspartner zu verstehen: Ich weiß das alles viel besser als du.

Wenn Sie Informationen mitteilen, sprechen Sie lieber in freundlich nüchternem, sachlichem Ton.

Vermeiden Sie es, zu viele Informationen auf einmal zu geben.

Durchdenken Sie selbst die verfügbaren Informationen, inwieweit Sie dem anderen als Entscheidungs- oder Problemlösungshilfe dienen können. Geben Sie dann nur die Informationen, die für den anderen wirklich bedeutsam sind, sowie Informationen zu deren Verständnis. Fassen Sie sich dabei möglichst kurz.

Bemühen Sie sich um eine Bestätigung, ob die von Ihnen gegebene Information so aufgenommen wurde, wie Sie sie gemeint haben und ob sie vollständig angekommen ist. Stellen Sie dazu Bestätigungsfragen und korrigieren Sie gegebenenfalls.

Provozieren Sie Fragen vom anderen. Lassen Sie ihn selbst nach den Informationen fragen, die er haben will. Das, was er erfragt, bleibt bei ihm besser haften als das, was Sie ihm anbieten. Umreißen Sie allenfalls den Rahmen der Informationen, über welche Sie verfügen. Diese Methode empfiehlt sich oft anstelle von ermüdenden Referaten, von denen nur ein Bruchteil von den Hörern behalten wird:

Umreißen Sie kurz Ihr Fachgebiet oder Ihr Thema und lassen Sie dann Fragen stellen. Beantworten Sie diese ebenfalls kurz (aber freundlich)! Abschließend können Sie noch einmal zusammenfassen, wobei Sie auf eine ausgewogene und den Zusammenhang verdeutlichende Darstellung Wert legen sollten.

Erkundigen Sie sich, welche Informationen ein Gesprächspartner bereits kennt. So kommen Sie nicht in die Situation, ihn durch Bekanntes zu langweilen. Auch in der Art Ihrer Mitteilung können Sie an bereits Bekanntes anknüpfen und dort fortführen und ergänzen. So sichern Sie sich die Aufmerksamkeit Ihres Partners.

Wenn Sie bestimmte Informationen anbringen wollen, drängen Sie sich nicht auf, sondern versuchen Sie, Neugier zu wecken. Schildern Sie eine Problemstellung plastisch, drastisch und ansprechend, und deuten Sie Lösungsmöglichkeiten allenfalls an. Vermeiden Sie auch in anderen Situationen des Darstellens, ein Thema abschließend zu behandeln.

Beenden Sie lieber Ihre Ausführungen mit einer ungelösten, offenen Problematik. Die Zuhörer werden die Gesamtheit des von Ihnen Gesagten dann weniger leicht »ad acta« legen, sondern sich gedanklich weiter mit dem Thema beschäftigen.

Geben Sie ruhig unter Angabe der Herkunft Informationen weiter, die einander widersprechen. Treffen Sie die letzte Entscheidung nicht unbedingt selbst, sondern überlassen Sie das auch anderen. Bieten Sie die Chance, selbst eine Problemlösung zu finden. Dadurch wird das Selbstwertgefühl anderer gestärkt.

Vermeiden Sie es, jemanden mit Informationen zu überfluten. Geben Sie Informationen in kleinen Dosen, erst auf Anfrage mehr. Wer die Weitergabe von Informationen allerdings verweigert, schaltet sich aus dem Kommunikationsprozeß aus und bricht Kommunikation ab. Er muß damit rechnen, entsprechend von anderen Menschen ignoriert zu werden.

Wer Informationen verweigert, läuft Gefahr, selbst eines Tages keine Informationen mehr zu erhalten. Besonders für einen Vorgesetzten ist das unangenehm, da er so in die Lage geraten kann, Entscheidungen ohne zureichende Informationsbasis treffen zu müssen. Die Konsequenz kann sein, daß diese Entscheidungen nicht mehr zu optimalen Ergebnissen führen.

Bemühen Sie sich, Informationen in verständliche Worte zu packen. Viele wertvolle Informationen gehen verloren, weil ein Sprecher sie unverständlich (durch zu viele Fremdworte, durch zu lange Sätze oder ungegliedert) ausgedrückt hat.

Denken Sie daran: Fachwissen ist immer nur so gut wie die Fähigkeit eines Sprechers, es auch in Worte zu kleiden.

§ 10 Beeinflussung der Realitätssicht durch Ansprache individueller Bedürfnisse

Ein Bedürfnis ist die Empfindung eines Mangels mit dem Bestreben, diesem Mangel abzuhelfen. In diesem Sinn hat jeder Mensch eine Vielzahl von Bedürfnissen. Maslow hat diese Bedürfnisse in mehreren Gruppen zusammengefaßt:

a) Auf der grundlegenden Ebene sind die lebensnotwendigen, biologisch erforderlichen Bedürfnisse anzusetzen. Hunger ist die Empfindung eines Mangels an Nahrung, Müdigkeit die Empfindung eines Mangels an Schlaf. Man hat das Bedürfnis zu essen, zu trinken, zu schlafen, Sauerstoff aufzunehmen, zu atmen, die verdaute Nahrung auszuscheiden sowie das Bedürfnis nach Zärtlichkeit und Zuwendung.

Die Befriedigung dieser Bedürfnisse ist in einem bestimmten Maß eine physiologische Notwendigkeit.

Weitere Bedürfnisse entstehen, wenn die Grundbedürfnisse soweit befriedigt sind, daß ein Mensch seine Aufmerksamkeit davon lösen und sich anderem zuwenden kann. Die Abfolge innerhalb einer Bedürfnishierarchie hat Wahrscheinlichkeitswert und ist nicht zwingend. Es ist ebensogut möglich, daß ein Mensch aus einem höheren Bedürfnis auf ein niedrigeres verzichtet, z. B. wenn jemand in den Hungerstreik tritt, um beachtet zu werden.

b) Auf einer zweiten Ebene gibt es die Bedürfnisse nach Sicherheit und Geborgenheit, nach Angstfreiheit und nach Kontakt mit anderen Menschen.

c) Auf der dritten Stufe begegnen wir den Bedürfnissen nach Leistung und Anerkennung, nach Macht, Einfluß und persönlicher Bedeutung, nach einer gehobenen Position und einem gesellschaftlich anerkannten Status.

d) Auf der obersten Stufe findet sich das Streben nach »höheren« Gütern, das heißt nach Selbstverwirklichung, Freiheit, Unabhängigkeit, vielleicht auch das Streben nach Erlösung.

Wie stark beim einzelnen Menschen die jeweiligen Bedürfnisse ausgeprägt sind, hängt zum großen Teil von seiner frühkindlichen Erziehung, sowie von seiner gesamten späteren Lebensgeschichte ab. Wer als Kind viel Zuwendung und Anerkennung erhalten hat, wird später nur ein geringes Bedürfnis danach verspüren, während derjenige, welcher in seiner Kindheit kaum lobende Anerkennung erfuhr, in seinem ganzen späteren Leben ein ungesättigtes und unsättigbares Bedürfnis danach haben kann. Vieles von dem, was er tut, wird aus diesem Motiv geschehen, eventuell ohne daß der grundlegend erfahrene Mangel jemals gestillt werden kann.

Darüber hinaus gibt es viele Möglichkeiten, wie ein Bedürfnis befriedigt werden kann. Was Anerkennung bietet, ist in unterschiedlichen Lebensbereichen sehr verschieden. Die Art der Befriedigung ist sowohl von der Person, aber auch und noch mehr von der gesamten Kultur und der dort üblichen Bedürfnisbefriedigung abhängig. In wenig entwickelten Volkswirtschaften sind die Bedürfnisse nach Art und Zahl geringer, in hochentwickelten umfangreich und stark differenziert.

In einer Hinsicht dient die Volkswirtschaft der Bedürfnisbefriedigung, in einer anderen Hinsicht geht aber auch häufig die Güterproduktion dem Auftreten der zu befriedigenden Bedürfnisse zeitlich voraus. Um also die Güter abzusetzen, muß bei den potentiellen Käufern ein entsprechendes Bedürfnis erst geweckt werden.

Wie Bedürfnisse manipuliert werden

Inwiefern bieten nun Bedürfnisse Ansätze zur Manipulation?

Bedürfnisse bedeuten, daß Menschen stets nach etwas streben. Wenn ein Bedürfnis befriedigt ist, kommt das nächste und verlangt nach Befriedigung (ein jeder Wunsch, wenn er erfüllt, kriegt augenblicklich Junge. – Wilhelm Busch).

Verhalten von Menschen wird also durch Bedürfnisse in Richtung auf deren Befriedigung gesteuert.

Das erste, was ein Manipulator tun kann, ist dies: Er kann dem zu Manipulierenden das, wozu er ihn beeinflussen will, als Befriedigung irgendeines Bedürfnisses vorstellen.

Als zweites kann er versuchen, ein Bedürfnis in viele kleine Bedürfnisse zu differenzieren, also etwa das allgemeine Streben nach der Beseitigung von Hunger aufspalten in Hunger auf: Brot, Käse und Wurst, und weiter unterteilen in Hunger auf: Weißbrot, Graubrot, Vollkornbrot, Kümmelbrot, Zwiebelbrot, Sesambrot etc., und auf: Edamer, Limburger, Brie, Camembert, Schafskäse und Ziegenkäse etc., sowie auf Fleischwurst, Salami, Cervelatwurst, Leberwurst, Schinkenwurst, Rotwurst, Gelbwurst, Mettwurst und tausenderlei anderes.

Das allgemeine Streben nach Sicherheit kann aufgespalten werden in Bedürfnisse nach Sicherheit am Arbeitsplatz, Sicherheit zu Hause, Sicherheit während der Freizeit, auf einer Reise, Sicherheit seiner Familie, Sicherheit seines Besitzers, Sicherheit bei Krankheit, Sicherheit vor den Folgen eines Unfalls etc.

Für jedes dieser Bedürfnisse ist es dann möglich, eine spezifische Befriedigung anzubieten. Dazu können sowohl eigens Produkte hergestellt werden als auch das verwandt werden, was gerade verfügbar ist.

Umgekehrt wird auch durch ein stark differenziertes Warenangebot die Befriedigung von Bedürfnissen angeregt, die erst aufgrund dieser verheißenen Erfüllung entstehen.

Werbung wirkt dann als Artikulationshilfe und spricht klar und deutlich das aus, was der Konsument eigentlich auch wollen könnte.

Weiter kann es jemand darauf anlegen, andere an ein Bedürfnis zu erinnern, das für sie gerade nicht im Vordergrund steht. So kann die Vorführung eines bestimmten Gegenstandes und das Erwecken einer bestimmten Vorstellung ein spezielles Bedürfnis wachrufen.

Die Behauptung, daß der Besitz dieses Gegenstandes Prestige und Status bedeutet, mag auf ein latentes Streben nach Ansehen und Macht anspielen, das dem Angesprochenen dabei bewußt wird. Er mag sich dann um den Besitz des betreffenden Gegenstandes bemühen. Verpackung und Werbung richten sich großenteils darauf aus, durch Ansprache eventuell vorhandener Bedürfnisse in den Wahrnehmungshorizont von Konsumenten zu gelangen.

Jedes natürlicherweise vorhandene Bedürfnis kann dazu benutzt werden, jemanden zu einem bestimmten Verhalten zu beeinflussen. Etwa: Wenn man voraussetzt, daß jeder Mensch nach Ansehen strebt, ist es nur notwendig, für ihn einen Blickwinkel zu schaffen, unter dem ihm ein beliebiger Gegenstand oder ein beliebiges Verhalten Ansehen verschaffen kann.

Ein Bedürfnis kann aktualisiert werden, indem man seine Nichterfüllung in Aussicht stellt und dadurch Angst erzeugt. Wenn dann etwas angeboten wird, das die Angst mindert, wird der Geängstigte darauf vermutlich positiv reagieren.
Beispiel: Die Behauptung, »Rauchen führt zu Krebs«, erzeugt Angst. Sie verheißt die Nichterfüllung des Bedürfnisses nach Gesundheit. Wenn nun Filterzigaretten damit angepriesen werden, sie seien weniger krebsfördernd, so haben sie bei gesundheitsbewußten oder ängstlichen Rauchern gewiß eine gute Chance.
Ein anderes Beispiel: Man suggeriert jemandem die Angst vor Mundgeruch. Das Bedürfnis nach Kontakt mit anderen Menschen droht dadurch behindert zu werden; so kommt ein angebotenes Mundwasser oder eine Zahnpasta gerade recht.
Durch die sorgfältige Beobachtung von Menschen lassen sich meist ziemlich sicher einige Bedürfnisse herausfinden, die das Verhalten dieser Menschen motivieren.
Beispiel: Sie sind Autohändler und kennen einen Kunden seit einigen Jahren. Sie wissen von ihm, daß er eine besonders starke Angst hat, krank zu werden und deshalb einen besonderen Drang danach entwickelt, gesund zu leben. Nun wollen Sie ihn dazu bewegen, sich ein größeres (und teureres) Auto zu kaufen. Dazu stellen Sie Ihren »Überzeugungsversuch« ganz auf das Bedürfnis, gesund zu leben, ab und überlegen, welche Eigenschaften dieses Autos Sie diesem Kunden als

gesundheitsrelevant verkaufen können. Sie kommen zu folgenden Ergebnis:

- weiße Farbe – bedeutet Auffälligkeit in der Nacht und dadurch geringere Unfallgefahr;
- die Größe des Autos – verspricht viel Knautschzone bei einem Unfall und darum geringere Verletzungsgefahr;
- die Sitze – sind besonders bequem, dadurch können Bandscheibenschäden vermieden werden;
- die Geschwindigkeit des Fahrzeugs – verheißt kurze Fahrzeiten und damit mehr Freizeit zur Erholung;
- leise Fahrgeräusche – bedeuten geringeren Streß und weniger Anspannung;
- ein besonderes Autoradio – erhöht den Fahrkomfort und wirkt dadurch entspannend;
- eine Automatik des Radios für Verkehrsmeldungen – ermöglicht das Vermeiden von Staus und erspart dadurch Streß;
- die hohe PS-Zahl – bedeutet hohe Beschleunigungskraft und damit die Möglichkeit, sich rasch aus einer Gefahrenzone zu entfernen etc.

Ginge es bei diesem Kunden um das Streben nach Anerkennung und Ansehen, ließe sich der gleiche Wagen ebenfalls anbieten:

- weiße Farbe – elegant und vornehm
- Größe des Fahrzeugs – repräsentativ
- »Um diesen Wagen wird man Sie beneiden!«
- »Das kann sich nicht jeder leisten.«
- »Eine exklusive Ausstattung.«
- »Mit dieser PS-Leistung sind Sie ein König auf der Autobahn.«
- »Dieser Wagen wird von vielen hochkarätigen Geschäftsleuten gefahren.«
- »Auch Herr N. (Vorstandsvorsitzender einer kleinen Aktiengesellschaft) fährt diesen Wagen.« etc.

Nach dieser Vorbereitung bedarf es noch des Anstoßes zur Kaufhandlung. Dieser kann gegeben werden durch Hinweise wie: »Heute noch besonders preisgünstig.«
»Der letzte aus unserem Sortiment.«
»Die nächste Lieferung kommt erst in vier Monaten.«
»Für Sie ein besonderer Preis.«
»Das ist eine Gelegenheit, greifen Sie zu.«
Wir haben uns mit diesem Beispiel in den Bereich des Verkaufs begeben. Das mit gutem Grund: In unserer Gesellschaft geschieht Bedürfnisbefriedigung zum großen Teil durch das Erwerben einer Ware, ja diese Beziehung zwischen Bedürfnisbefriedigung und einer Ware ist so innig und selbstverständlich, daß das Kaufen selbst schon in vieler Hinsicht einer Bedürfnisbefriedigung gleichkommt.

In jedem Fall ist der Akt des Geldausgebens eine Möglichkeit, sich die eigene Macht unter Beweis zu stellen und so sein Bedürfnis nach Anerkennung und Selbstbestätigung zu befriedigen. Mittelbar kaufen viele Konsumenten zugleich mit der Ware eine Persönlichkeitsstärkung.

Dabei wird Werbung stets darum bemüht sein, die durch sie geweckten und formulierten Bedürfnisse als sinnvoll, selbstverständlich und notwendig darzustellen. Sie sollen dem Kunden rational vertretbar erscheinen. Je weniger ein Konsument selbst bestimmt, was er kauft, das heißt, je stärker er manipuliert wird, desto mehr wird die Werbung Wert darauf legen, daß ihm sein Verhalten als selbstbestimmt erscheint, als freie Entscheidung für das Bessere, für den guten Geschmack und für das Besondere und Richtige.

So wird der Konsument ständig tiefer in das feingesponnene Netz raffinierter Menschenfänger verstrickt.

Was hier am Beispiel des Verkaufens dargestellt ist, wird genauso in anderen Gesprächen angewandt. Da geht es darum, eine Meinung oder sich selbst »zu verkaufen« oder Gesprächspartnern eine (bereits getroffene) Entscheidung »anzudrehen«. Im folgenden sollen zwei Punkte ausgeführt werden:

1. Wie soll man in einer gleichberechtigten Kommunikation mit den Bedürfnissen anderer Menschen umgehen?

2. Wie kann man sich gegen manipulative Techniken, die sich auf Bedürfnisse richten, immunisieren?

Vom Umgang mit Bedürfnissen anderer Menschen

Wenn Sie bei jemandem ein Bedürfnis wecken wollen, so ist das nur dann in einer gleichberechtigten und überzeugenden Kommunikation vertretbar, wenn die angestrebte oder vorgeschlagene Befriedigung nicht vornehmlich Ihren eigenen Nutzen fördert, sondern zugleich auch die Persönlichkeit des anderen Menschen berücksichtigt und akzeptiert.

Ein Mensch, dessen Bedürfnisse ständig unberücksichtigt und unbefriedigt bleiben, wird über einen längeren Zeitraum unzufrieden und demotiviert reagieren. Deshalb ist es wichtig, seine Bedürfnisse frühzeitig zu erkennen und darauf einzugehen.

Dieses Eingehen bedeutet nicht unbedingt, eine Bedürfnisbefriedigung anzustreben, wie der Betreffende sie sich unmittelbar vorstellt. Allein die Wahrnehmung durch einen anderen Menschen nimmt häufig einem Bedürfnis seinen beängstigenden Druck und erlaubt es, unterschiedliche Möglichkeiten der Befriedigung durchzudenken.

Werden in einer Beziehung zwischen Menschen die natürlichen Bedürfnisse eines Menschen nicht hinreichend befriedigt, wird er sich von dieser Beziehung entweder tatsächlich oder nur innerlich zurückziehen und sich nicht mehr darin engagieren.

In vielen Fällen kann es für einen anderen Menschen bedeutsam sein, ihm bei der Artikulation seiner Bedürfnisse beizustehen. Dabei geht es nicht darum, so lange herumzuraten, bis der andere sagt: »Ja, das ist es«, sondern darum, ihm aufmerksam zuzuhören und ihm das zurückzuspiegeln, was Sie von dem verstehen, was er sagt. Sie fügen also nichts Neues zu seinen Worten hinzu, sondern formulieren nur deutlicher und prägnanter, was er gemeint hat.

Erst wenn Ihr Gesprächspartner sich über seine Bedürfnisse im klaren ist, kann *er* sich ja auf sinnvolle Weise bemühen, eine Befriedigung zu erreichen. Er wird dann nicht mehr ein vages, undeutliches Gefühl eines Mangels empfinden, sondern wissen, was ihm fehlt und sich selbst helfen können.

Zeigen Sie Ihren Gesprächspartnern Bereitschaft, auf ihre Bedürfnisse Rücksicht zu nehmen und darauf einzugehen.

Jeder Gesprächspartner wird darauf positiv reagieren. Sie schaffen sich dadurch für ein Gespräch, für eine Beziehung und für eine Zusammenarbeit eine offene und vertrauensvolle Basis. Das nicht zuletzt deshalb, weil Sie Gesprächspartnern die Anerkennung geben, die ihnen ein Bedürfnis ist.

Einen Menschen, der mit seinem Blick an den lebensnotwendigen Bedürfnissen haftet, obwohl diese ausreichend befriedigt sind, kann man in vielen Fällen zu anderen Perspektiven bewegen, wenn man ihm »höhere« Bedürfnisse vor Augen stellt, etwa Anerkennung oder größere Sicherheit.

Bei der Entstehung einer Handlung ist die eigene Entscheidung meist stabiler als eine suggerierte oder eine unter Druck getroffene Entscheidung.

Wie Sie sich gegen eine Manipulation Ihrer Bedürfnisse immunisieren

Sie können einmal bei der Werbung, der Sie begegnen, analysieren, welche Bedürfnisse durch diese Werbung angesprochen werden. Welche Bedürfnisbefriedigung wird hier in Aussicht gestellt?

Nachdem Sie das entsprechende Bedürfnis erkannt haben, können Sie prüfen, ob das angebotene Produkt tatsächlich dies Bedürfnis befriedigen kann. Die Befriedigung kann primär oder sekundär erfolgen:

Primär, indem ein bestimmtes Produkt das Bedürfnis direkt befriedigt wie z. B. das Essen eines Apfels Hunger stillen kann. Sekundär, indem ein bestimmtes Produkt durch seine soziale Geltung ein Bedürfnis erfüllt. Zum Beispiel mag das Speisen in einem bestimmten Restaurant in erster Linie ein Prestigebedürfnis und den Hunger erst sekundär befriedigen.

Solche sekundären Befriedigungen kosten meist sehr viel Geld. Wenn man sich auf sie einläßt, gerät man leicht in eine Spirale von neuen Moden, die man mitmachen muß und die zunehmend mehr Geld kosten. So ist es durchaus empfehlenswert, sich nicht in die Abhängigkeit solcher Art von Bedürfnisbefriedigung zu begeben.

Über einen längeren Zeitraum können Sie durch Beobachtung versuchen, Klarheit über Ihre eigenen Bedürfnisse zu gewinnen.

Fragen Sie sich, welche davon echt sind und welche Ihnen suggeriert sein könnten. Suggestion funktioniert oft so, daß die Werbung behauptet, alle hätten dies Bedürfnis. Sie setzt dann voraus, daß auch Sie dies Bedürfnis verspüren. Anderenfalls gehören Sie nicht dazu. Damit wird ein Prestigebedürfnis angesprochen und seine Erfüllung in Aussicht gestellt.

Achten Sie einmal darauf, wie viele Gegenstände Sie beim Einkaufen, beim Schaufensterbummel erwerben, die Sie nicht zu kaufen beabsichtigt hatten. Je mehr es sind, desto stärker sind Sie von außen beeinflußt worden. Diese Selbstbeobachtung gibt Ihnen Aufschluß über Ihre Beeinflußbarkeit. Wenn Sie ständig mehr kaufen als beabsichtigt, sollten Sie etwas dagegen tun: Nehmen Sie sich z. B. einmal vor, beim Einkaufsbummel wirklich nur das zu kaufen, was auf Ihrem Einkaufszettel steht.

Die genannten Fragen können Sie sich in jedem Gespräch stellen. Außerdem die Fragen: Was will der Gesprächspartner von mir, und welche meiner Bedürfnisse spricht er an; zu welchem Verhalten will er mich bewegen.

Gesprächspartner brauchen nicht bewußt und absichtlich auf Ihre Bedürfnisse einzugehen, auch aus unbewußter Übung wissen wir uns alle der Bedürfnisse anderer Menschen zu bedienen, um eigene Ziele zu erreichen. Je geschickter jemand das tut, desto erfolgreicher.

Ihr Ziel sei es, Klarheit über die eigene, individuelle Bedürfnisstruktur zu gewinnen.

Durch Selbstbeobachtung können Sie versuchen herauszufinden, welche Ihrer Bedürfnisse besonders stark ausgeprägt sind und unter welchen Umständen Sie besonders leicht durch andere ansprechbar sind. Sie werden dann eher Situationen erkennen, in denen Sie für Außensteuerung anfällig sind und sich entsprechend umsichtig verhalten können.

Bemühen Sie sich, trotz des Lärms, den die »freundlichen Bedürfnisbefriediger« veranstalten, sich selbst wahrzunehmen. Fragen Sie sich:
Was will ich?
Will ich das wirklich?
Ist mir das wirklich wichtig?
Die Beantwortung dieser Fragen fällt nicht immer leicht. Der Weg der Selbsterkenntnis, das heißt der Weg zu sich selbst, ist lang und beschwerlich. Wer aber Gewißheit über sich selbst gewonnen hat, bleibt nicht länger Spielball äußerer Kräfte.

6 Sprache als Brücke zwischen Individuum (ICH) und Gesellschaft (DU)

Zwischen ICH und DU hat Sprache die positive Funktion zu verbinden. Wenn das oft nicht klappt, dann deshalb, weil die wenigsten Menschen gelernt haben, Brücken zu bauen. In früheren Zeiten wurde diese Funktion innerhalb einer Gesellschaft an spezielle Personen delegiert, die man »Brückenbauer« (lateinisch = Pontifex) nannte. Der Papst trägt noch heute den Titel »oberster Brückenbauer« (Pontifex Maximus).

Mit diesem Bild sind gleich beide Aspekte angesprochen, die in den folgenden zwei Paragraphen ausgeführt werden: § 11 leitet zu einer gleichberechtigten und gleichwertigen Überzeugungskommunikation an. § 12 richtet sich an Menschen, die innerhalb einer Gruppe oder zwischen mehreren Gruppen als Führende eine spezielle Funktion und Verantwortung als Brückenbauer haben. Sie müssen oft auch widerstrebenden Menschen Brücken zu sich und/oder anderen bauen; manchmal sogar Eselsbrücken.

§ 11 Sprache als Kommunikationsmittel – Wie man Gespräche führt

Die Welt ist in diesem Jahrhundert enger zusammengewachsen, Entfernungen sind geschrumpft. In vieler Hinsicht hat sich der Mensch erst in den letzten Jahrzehnten die Welt unterworfen. Nachrichten umkreisen die Welt in Sekundenschnelle, telefonische Verbindungen sind weltweit möglich geworden.

Dennoch scheint es, als ob trotz all dieser Brücken die Entfernung von Mensch zu Mensch nicht geringer, sondern in mancher Hinsicht sogar größer geworden sei. Vielen Menschen fällt es heute schwer, Kontakte zu schließen, obwohl sie sich einsam fühlen und solche Beziehungen wünschen. Woran liegt das?

Einmal sind da äußerliche Bedingungen zu nennen, die ein einzelner nur bedingt ändern kann: Die traditionelle Großfamilie mit ihrer Vielzahl von engen Kontakten und Beziehungen, in der mehrere Generationen zusammenlebten, hat sich bereits während des 18. und 19. Jahrhunderts zunehmend aufgelöst. Darüber hinaus entfaltet manches Eigengesetzlichkeiten, was als Errungenschaft gefeiert wurde.

Ein Auto ist heute kein Luxus mehr, sondern ein notwendiger Gebrauchsgegenstand. Autos erlauben zwar zunehmende Mobilität, aber das muß kein Fortschritt zum Glück sein. Zunehmende Mobilität führt eher zu einer Entwurzelung von Menschen aus ihrer Heimat. Wie viele Menschen leben noch in ihrer ursprünglichen Umgebung und können auf eine Fülle gewachsener Beziehungen zurückgreifen? Es sind wenige. Die wenigsten Menschen besitzen aber die Fähigkeit, statt dessen selbst neue Kontakte vergleichbarer Art zu schaffen.

Zum anderen sind Gründe in uns selbst zu nennen, die es uns schwermachen, Beziehungen zu knüpfen. Kontaktaufnahme verlangt häufig eine Selbstüberwindung: Indem man sich anderen Menschen öffnet, macht man sich angreifbar und setzt sich dem Risiko aus, abgelehnt zu werden. Angst ist also ein wichtiger Hinderungsgrund für Kontakte.

Hinzu kommt, daß die meisten Menschen so stark mit sich selbst beschäftigt sind, daß es ihnen an Interesse für andere mangelt. Das aber macht einen Kontakt für eben diese anderen uninteressant.

Die äußeren Umstände und die inneren Zustände der Menschen erleichtern die Kommunikation nicht. Dabei kommt ihr für das Zusammenleben von Menschen entscheidende Bedeutung zu.

Im Gespräch können sich wesentliche Vollzüge menschlicher Begegnung ereignen:
Persönliche Hinwendung zu einem anderen Menschen;
das Annehmen eines anderen als Mensch und Partner;
die Bejahung und Bestätigung eines anderen als er selbst.

Gespräche in diesem Sinn sind kostbare Chancen, die sich Menschen bieten. In positiver Verwirklichung, d. h. im gleichberechtigten Austausch, bilden Gespräche die Grundlage für Vertrauen. Wo vertrauensvolle Gespräche nicht möglich sind, kann es nur schwer vertrauensvolle Beziehungen zwischen Menschen geben.

Darum halte ich es für wichtig, Gespräche in ihrer positiven zwischenmenschlichen Bedeutung zu fördern und sie nicht zu manipulativen Zwecken herabzuwürdigen. Langfristig erfolgreiche Menschenbeeinflussung geschieht auf jeden Fall durch gleichberechtigte, vertrauensvolle Gespräche. Dabei können Gespräche in unterschiedlichen Formen vielerlei Funktionen erfüllen.

Formen und Ziele des Gesprächs

Form	Ziel
Rede	Überzeugung
Referat	Information
Interview	Befragung
Besprechung	Entscheidung
Kontaktgespräch	Kennenlernen
Aussprache	Austausch
Diskussion	Meinungsbildung
Streitgespräch	Widerlegung
Verkaufsgespräch	Einigung
Beratungsgespräch	Problemlösung

Hier nun eine Reihe von Hinweisen, die für jedes Gespräch gelten, auch wenn sie nicht in jedem Gespräch Anwendung finden werden.

Die richtige Einstellung

Bemühen Sie sich in jedem Gespräch, Kontakt zu Ihren Gesprächspartnern herzustellen.

Das geschieht z. B. per *Handschlag* zur Begrüßung. Aber Handschlag ist nicht gleich Handschlag. Darin kann viel oder wenig ausgedrückt werden. Ein schlaffer Händedruck zeigt z. B., daß der so Grüßende der Beziehung nur geringe Bedeutung zumißt. Je länger ein Händedruck gegeben wird, desto intensiver wird vermutlich das Beziehungsangebot sein. Ein kräftiger Handschlag kann Annehmen und Akzeptieren des Gesprächspartners bedeuten, das Herstellen eines »handgreiflichen« Kontaktes, aber auch ein In-Besitz-Nehmen.

Zum Handschlag kommt der *Blickkontakt*.

Vor allem durch den Blick wird Kontakt aufgenommen. Darin geschieht die Wahrnehmung eines Partners. In der Erwiderung des Blicks drückt sich Erkennen und Annehmen oder aber Ablehnung und Mißtrauen aus. Bei einer besonders intensiven Art der Kontaktaufnahme mag es dazu kommen, daß jemand einen anderen mit Blicken »verschlingt«. Die Ausdruckskraft des Blickkontaktes mißt sich an Dauer, Intensität und Festigkeit.

Zudem ist *Sprache* Mittel des Kontaktes.

Sprache signalisiert anderen eigene Anwesenheit und Nähe. Dem Klang, der Farbe, der Modulation der Stimme kann ein Gesprächspartner oft schon so viel entnehmen, daß es gar nicht mehr auf den Inhalt ankommt. Stimmungen übertragen sich so, Beziehungen werden geknüpft. Egal worüber Sie reden, bei jedem Thema können Sie eine positive Kontaktebene signalisieren.

Ist diese Ebene gestört, so ist jedes weitere Gesprächsziel kaum noch zu realisieren.

Stellen Sie Ihre Gesprächspartner in den Mittelpunkt des Gesprächs. Denken Sie von ihnen aus, und führen Sie das Gespräch aus deren Sicht.

Wenn Sie jemanden überzeugen oder informieren wollen, dann geht es um diese Person und nicht mehr um Sie selbst. Jeder steht gern im Mittelpunkt, jeder erhält gern seine eigene Wichtigkeit bestätigt, jeder wünscht, anerkannt zu werden – geben Sie Ihren Gesprächspartnern dieses Gefühl, und sie werden bereit sein, mit Ihnen über alles zu reden, was Sie wollen.

Prüfen Sie einmal Gespräche in Ihrer Umgebung darauf, ob diese empfohlene Du-Zentrierung verwirklicht wird. Sie werden vermutlich erschrocken sein, wie sehr die meisten Menschen darum kämpfen, selbst zu Wort zu kommen und wie sie sich überhaupt nicht für das interessieren, was andere sagen. Sie reagieren kaum darauf, sondern beginnen eher dort weiterzureden, wo sie selbst aufhören mußten zu sprechen.

Bei achtzig bis neunzig Prozent aller Gespräche sind die Teilnehmer weniger am Anderen, sondern mehr an sich selbst interessiert und stellen sich selbst in den Mittelpunkt. Entsprechend unproduktiv sind die Ergebnisse.

Vermeiden Sie Gegnerschaft zu anderen Menschen. Machen Sie aus einem Gegner lieber einen Partner.

Vergebens werden Sie bisher in diesem Buch die Rede von einem Gesprächsgegner gesucht haben. Erfolgreiche Menschenbeeinflussung kann nur einen positiven Weg gehen. Das Gesprächsziel kann nicht heißen: den anderen besiegen, sondern gewinnen.

Mit Gewinnen ist zweierlei gemeint:

1. Gemeinsam möglichst großen Gewinn aus Gesprächen ziehen.
2. Gesprächspartner für sich gewinnen.

Wie Sie richtig zuhören

Zu Sokrates, so wird erzählt, sei eines Tages ein junger Mann gekommen, der von ihm in der Kunst des Redens unterwiesen werden wollte. Sokrates habe ihm lange und geduldig zugehört und dann geantwortet: »Gut, ich nehme dich zum Schüler, aber nur zum doppelten Preis.«

Auf die verwunderte Frage des jungen Mannes: »Wieso?«, habe Sokrates erklärt: »Weil ich dich in zwei Künsten unterweisen muß: in der Kunst des Redens und in der Kunst des Schweigens.«

Fragen wir uns, warum die meisten Menschen nicht richtig zuhören können. Gründe, die dafür eine Rolle spielen, sind:

- Desinteresse an anderen Menschen,
- sich selbst zu wichtig nehmen,
- bereits eine eigene nächste Äußerung zu planen,
- sich einbilden zu wissen, was der andere sagen will,
- Angst vor dem Vergessen eines Stichwortes,
- Fixierung auf eigene Ideen.

Die Hauptschwierigkeit beim Zuhören besteht vor allem darin, den eigenen Reaktionsdrang zu beherrschen. Die meisten Menschen unterschätzen die Bedeutung des Zuhörens. Während ein anderer spricht, wird er in den Mittelpunkt gestellt. Ihm wird Zuwendung, Aufmerksamkeit und Interesse geschenkt. Zweifellos wird derjenige, der solches gibt, mit Sympathie belohnt werden.

Die Forderung nach richtigem Zuhören entspringt demnach nicht reiner Menschenfreundlichkeit, sondern dem Interesse des Zuhörenden.

Zuhören verlangt: den anderen aussprechen lassen; die Planung des eigenen Beitrags zurückstellen, bis der andere geendet hat; den eigenen Reaktionsdrang beherrschen.

»Vernunft kommt von Vernehmen«, heißt es. Und tatsächlich ist es ja so, daß unsere Vernunft leer und blind wäre, hätte sie nicht während des ganzen bisherigen Lebens aufgenommen. Dieses Aufnehmen aber braucht niemals zu einem Ende zu kommen. Von jedem Menschen können Sie etwas lernen. Je aufmerksamer und genauer Sie zuhören, desto mehr können Sie von anderen Menschen lernen.

Beim Zuhören erfahren Sie etwas über Gesprächspartner. Um so leichter fällt es Ihnen nachher, auf sie einzugehen und sie an ihren ansprechbaren Punkten zu berühren. Dann können Sie erfolgreich überzeugen.

Lernen Sie, im richtigen Moment zu schweigen. Schweigen bedeutet, den anderen herausfordern, etwas zu sagen. Jemand hat die Regel formuliert: Eröffnen Sie Ihre Gespräche durch Schweigen. Daran ist etwas Wahres. Aber auch, wenn Sie eine Frage gestellt haben und der andere knapp geantwortet hat, können Sie schweigen. In der Mehrzahl der Fälle wird der andere dann weitere Ausführungen hinsichtlich der von Ihnen gestellten Fragen liefern. Die meisten Gesprächspartner weichen Verlegenheitspausen dadurch aus, daß sie weiterreden.

Oft ist es schon vorgekommen, daß sich jemand um »Kopf und Kragen« geredet hat. Folgende Konstellation können Sie oft erleben: A bittet B um etwas. Während B noch überlegt und sich schon zögernd, aber erkennbar zu einem Ja entschließt, zerstört der bittende A seinen eigenen Erfolg, weil er die entstehende Pause nicht länger aushält und aus eigener Unsicherheit seine Bitte einschränkt oder zurückzieht, noch bevor B geantwortet hat.

Wenn ein Gesprächspartner Widerstand leistet, sich erregt oder sonstwie in negative Emotionen gerät, können Sie ihn wieder beruhigen und positiv stimulieren, wenn Sie das Gespräch für eine kurze Phase auf folgende Weise führen:

- Überlassen Sie es Ihrem Gesprächspartner, Richtung, Thema und Ablauf des Gesprächs zu bestimmen. Er kann sagen und tun, was ihm gefällt, und soll dabei uneingeschränkt im Mittelpunkt stehen.
- Lassen Sie ihn immer ausreden.
- Lassen Sie ihm Denkpausen, und veranlassen Sie ihn durch eigenes Schweigen zum Reden.
- Vermeiden Sie eigene Mitteilungen.
- Knüpfen Sie mit eigenen Beiträgen allenfalls unmittelbar an den Gesprächspartner an.
- Vermeiden Sie direkte Aufforderungen.
- Ermutigen, bestätigen und loben Sie den Partner.
- Durch: aha, oh, so, hm, zustimmendes Nicken etc. bekunden Sie Interesse.
- Helfen Sie dem Partner beim Weiterreden.
- Üben Sie keine Kritik an dem Gesagten, und unterlassen Sie spöttisch-abfällige Bemerkungen.
- Bitten Sie um Erläuterungen.
- Achten Sie auf gefühlsbetonte Worte des anderen, und wiederholen Sie diese eventuell fragend.
- Wiederholen Sie besinnend wichtige Worte oder Satzteile.
- Fragen Sie den Gesprächspartner, was er mit seinen Äußerungen gemeint hat.
- Vermitteln Sie ihm das Gefühl, unbegrenzt Zeit für ihn zu haben.

Auf diese Weise kann ein Gespräch zu einer intensiven Form der Zuwendung und des Eingehens auf einen anderen Menschen werden. Sie werden feststellen, daß es keineswegs einfach ist, sich so zu verhalten, es bedarf dazu tatsächlich der Übung.

Wilhelm Busch formulierte treffend: »Die gute Unterhaltung besteht nicht darin, daß man selbst etwas Gescheites sagt, sondern daß man etwas Dummes anhören kann.«

Wie Sie richtig fragen

Höchste Kunst ist es, wenn es gelingt, einen Gesprächspartner allein durch Fragen dahin zu führen, daß er das sagt, was man eigentlich selbst sagen wollte.

Das ist möglich. Helfen Sie Ihren Gesprächspartnern auf die Ideen zu kommen, die Sie schon hatten. Da es dann deren Ideen sind, werden sie davon überzeugt sein und sich in entsprechendem Sinn verwenden. Auf folgende Art können Sie durch Fragen führen:

Richtig fragt,

- wer ein Klima schafft, in dem andere gern antworten.
Das heißt, es soll keine Verhörsituation entstehen, in der sich ein Partner ausgefragt vorkommt. Er erwartet eine Anerkennung für die von ihm gegebenen Antworten. Deshalb nehmen Sie Antworten nicht als selbstverständlich hin, sondern quittieren sie positiv. Vergewissern Sie sich, ob der andere antworten will.

- wer mit seinen Fragen auf die Interessen des Befragten eingeht. Nur so wird Bereitschaft zum Antworten geweckt.

- wer zu Beginn eines Gesprächs möglichst viele Fragen stellt, die der andere mit »Ja« beantwortet. Das häufige Ja-Sagen des anderen wirkt positiv auf seine gesamte Einstellung zum weiteren Gespräch. »Ja« wirkt öffnend, »nein« dagegen würde verschließend wirken. Überzeichnet, aber doch wirkungsvoll, wird mit dieser Technik von »Drückerkolonnen« gearbeitet, die von Haustür zu Haustür ziehen, und etwas verkaufen wollen:
Vertreter: »Sind Sie Frau Meier?« – »Ja.« – »Sie haben doch zwei Kinder, nicht?« – »Ja.« – »Und die gehen noch zur Schule?« – »Ja.« – »Dann haben Sie doch auch sicher Probleme mit der Mengenlehre?« – »Ja.« – »Sehen Sie, genau da habe ich etwas für Sie! Darf ich mal für zwei Minuten reinkommen?«

Vermutlich wird es der Frau Meier nun schwerfallen, zum ersten Mal »nein« zu sagen.

- wer insgesamt viele offene Fragen stellt; das sind Fragen, auf die man nicht nur mit Ja oder Nein antworten kann, sondern die einen ganzen Satz als Antwort erfordern. Sie ziehen Gesprächspartner dadurch intensiver ins Gespräch hinein und veranlassen Sie zu unvorhersehbaren Mitteilungen.
- wer dem Befragten Zeit zum Nachdenken und zum Antworten läßt. Das Gesprächsklima beruhigt sich dadurch, der Partner wird es emotional positiv honorieren.
- wer verständlich und kurz fragt. Fügen Sie also in eine Frage nicht endlose Ausführungen ein und häufen Sie die Fragen nicht. Stellen Sie (kurze) Erläuterungen voran und schließen Sie mit einer knappen Frage.
- wer es vermeidet, negativ zu reagieren, wenn eine Antwort seinen Vorstellungen nicht entsprach. Stellen Sie die Frage entweder anders oder lassen Sie die Frage fallen. Wenn Sie bemerken, daß die Beantwortung einer Frage dem Gegenüber unangenehm ist, können Sie sie im späteren Gesprächsverlauf noch einmal behutsamer neu formulieren.
- wer mit seinen Fragen zum positiven Nachdenken anregt. Wenn Ihnen jemand auf eine Bitte antwortet: »Nein, ich will nicht«, so fragen Sie ihn nicht, warum er nicht will, sondern fragen Sie, unter welchen Bedingungen er bereit wäre, die Bitte zu erfüllen. So denkt der andere in Ihrem Sinn weiter, und die von ihm genannten Bedingungen geben Aufschluß über seine Vorstellungen und können zum nächsten Gesprächsgegenstand werden.
- wer seine Fragen gut vorbereitet. Überlegen Sie sich, was Sie genau wissen wollen und wie Sie eine Frage formulieren.
- wer die Richtung des Gesprächsverlaufs durch sorgfältige Wahl der Fragen steuert.

Einige wichtige Fragetypen sind:

- Geschlossene Frage: Sie kann nur mit Ja oder Nein beantwortet werden.
- Offene Frage: Eine offene Frage läßt dem Befragten eine möglichst große Zahl von Antworten zur Wahl. Frageworte sind: wie, warum, wodurch, welche, was, wozu, ... Worte, die mit dem Buchstaben W beginnen.
- Informationsfrage: Eine Informationsfrage bemüht sich um gezielte Informationen. Frageworte sind: wer, wo, was, wann, wieviel ...
- Alternativfrage: Durch sie werden zwei Möglichkeiten zur Auswahl gestellt.
- Kontrollfrage: Durch sie vergewissert sich der Fragende, ob der Befragte richtig verstanden hat bzw. richtig verstanden wurde.
- Suggestivfrage: Eine Suggestivfrage legt dem Befragten eine Antwort nahe. Beispiel: Sie möchten doch sicher auch ...?
- Rhetorische Frage: Sie wird vom Fragenden selbst beantwortet. Ihre Wirkung liegt in einer erhöhten Spannung auf die Antwort des Sprechenden.
- Auffordernde Frage: Darin wird eine Aufforderung in Frageform gekleidet. Beispiel: Willst du nicht mit uns kommen?

Wie Sie richtig reden

Immer wieder können Sie die Erfahrung machen, daß andere Menschen vernünftige und gescheite Dinge aussprechen, daß diese Mitteilungen aber keine andere Wirkung als Gähnen hervorrufen. Sie kommen jedenfalls nicht an und bewirken keineswegs das, was sie sollen oder könnten. Dabei liegt es oft nicht einmal daran, daß ein Sprecher nicht gut oder sogar brillant formulieren könnte. Aber woran dann?

Die meisten Menschen reden zu lange, sie wiederholen sich während des Sprechens (nach meinen Erfahrungen bis zu fünfmal in einem Wortbeitrag), und die meisten Sprecher packen zuviel Verschiedenes in einen Beitrag hinein. Was ist zu tun?

- Halten Sie den Mund, wenn Sie alles gesagt haben.
- Achten Sie darauf, daß jeder Gesprächsteilnehmer ungefähr gleich viel Redezeit hat. Das ist selten auch nur annähernd erreicht. Meist tyrannisiert ein Gesprächsteilnehmer den oder die anderen durch Vielrederei.
- Achten Sie darauf, sich nicht zu wiederholen, außer wenn ein Gesprächspartner signalisiert, er habe nicht verstanden.
- Bemühen Sie sich um gedankliche Disziplin und klaren Ausdruck. Das können Sie üben, indem Sie Kommentare oder Berichte auf Kassetten sprechen und anschließend selbst kontrollieren. Wiederholen Sie die Übung mit denselben Themen so lange, bis Sie mit sich zufrieden sind.
- Bemühen Sie sich, Ihre Beiträge kurz zu fassen. In einem Gespräch sind schon drei Minuten für Partner lang, vor allem, wenn sie etwas sagen möchten und sich solange zurückhalten müssen.
- Vermeiden Sie es, mehrere Argumente und mehrere Themen in einen Beitrag zu packen. Werfen Sie nicht Perlen vor die Säue, sondern lassen Sie jede einzelne Perle leuchten und schätzen. Ausgezeichnete Argumente werden häufig dadurch entwertet, daß sie nicht einzeln, sondern gebündelt präsentiert werden.
- Achten Sie darauf, ob Ihre Gesprächspartner Zeichen von Langeweile oder eigener Sprechbereitschaft senden und gehen Sie darauf ein.

Schaffen Sie so Ihren Worten Wirkung und Überzeugungskraft. Beeinflussen Sie Ihre Gesprächspartner auf diese Weise. Zur wirkungsvollen Darstellung gehört auch, daß Ihre Beiträge – ob nun kurz oder lang – deutlich gegliedert sind. Dazu mehr im nächsten Abschnitt.

Wie Sie richtig gliedern

Ihre Ausführungen in Gesprächsbeiträgen oder Reden gewinnen an Wirkung, wenn sie gut gegliedert sind. Je stärker Sie strukturieren, desto ergiebiger verlaufen Gespräche. Viele Gespräche führen vom Hölzchen zum Stöckchen oder vom Hundertsten zum Tausendsten, und das nur, weil die Beteiligten nicht in der Lage sind, ein Gespräch sinnvoll zu gliedern.

Überlegen Sie sich deshalb vor einem Gespräch, was Sie durch dieses Gespräch wollen, worum es Ihnen geht. Halten Sie sich das fest im Gedächtnis, und versuchen Sie, im Lauf des Gesprächs immer wieder darauf zurückzuführen. Orientieren Sie Ihre eigenen Beiträge stets auf den Kern der Sache hin. Schematisch dargestellt sieht das dann so aus:

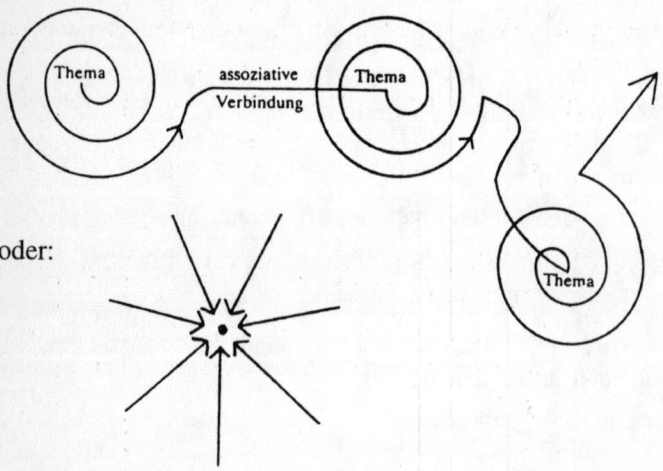

Planen Sie ein Gespräch. Überlegen Sie sich, welche Themen zur Sprache kommen müssen, und strukturieren Sie das Gespräch in diesem Sinn.

Machen Sie sich einen Zeitplan, an den Sie sich im Gespräch ungefähr halten. Erfahrungsgemäß läßt sich kaum ein Thema abschließend behandeln oder ausdiskutieren. Ob man früher oder später zum nächsten Thema weiterleitet, es bleibt immer ein willkürlicher Einschnitt.

Versuchen Sie, die geplante Zeit nur dann zu überschreiten, wenn wesentliche Gründe dafür sprechen. Versuchen Sie bei einem solchen Einschnitt zusammenzufassen und ein kurzes Ergebnis des bisherigen Gesprächsverlaufs zu formulieren.

Sagen Sie deutlich, wenn Sie zu einem neuen Punkt kommen, damit Ihnen jeder leicht folgen kann. Die höchste intellektuelle Brillanz nützt Ihnen nichts, wenn Ihre Zuhörer Ihnen nicht folgen können.

Gliedern Sie darum deutlich und für jeden klar verständlich.

Rechnen Sie damit, daß Ihre Gesprächspartner gelegentlich kurz abschalten. Durch eine deutliche Gliederung bieten Sie ihnen immer wieder die Möglichkeit, in einen Gedankengang einzusteigen.

Sie erreichen dadurch die Voraussetzung für eine rationale Auseinandersetzung. Je weniger ein anderer versteht, desto stärker wird er emotional reagieren (etwas anderes bleibt ihm ja nicht übrig!).

Sie können Ihre Struktur wirkungsvoll hervorheben, wenn Sie bestimmte Strukturworte verwenden:

einerseits – andererseits; erstens, zweitens, drittens (ab viertens wird es dann beim gesprochenen Wort meist langweilig); sowohl – als auch;
dafür – dagegen.

Wichtige Gedankenabschnitte sollten Sie voneinander durch Pausen absetzen.

Dadurch geben Sie Zuhörern Gelegenheit zum Überdenken des Gehörten und Möglichkeit zur Sammlung für das Folgende. Unabhängig vom Inhalt des Gesagten wird durch Pausen signalisiert: Jetzt kommt etwas anderes.

Nun ist es nicht immer möglich, seine Worte vorbereitend ausführlich zu bedenken. Ist es auch einem unvorbereitet Sprechenden möglich, deutlich zu gliedern?

Mit etwas Übung ist es für jeden möglich, gedankliche Disziplin zu erwerben und spontan gegliedert zu sprechen.

Wichtig ist es, auf ein vor Sprechbeginn bedachtes Redeziel hinzusprechen. Ohne ein klares Aussageziel vor Augen zu haben, sollten Sie nicht zu sprechen beginnen. Wenn Sie dann kurz und klar ohne Ausschweifungen zu Ihrem Redeziel hinführen und es zudem klar und sauber formulieren, dürften Sie mit Ihren Worten eine optimale Wirkung erreichen können.

Wie Sie richtig argumentieren

Argumentieren hat dort seinen Platz, wo es gilt, einen Gesprächspartner, der möglicherweise anderer Meinung ist, zu überzeugen.

Argumentation ist überflüssig, wo Gesprächspartner bereits der gleichen Meinung sind.

Sie ist ebenfalls überflüssig, wo deutlich ist, daß ein Gesprächspartner sich nicht von seiner anderen Meinung abbringen läßt. Insistierende Argumentation würde ihn dann eher in seiner Position weiter verhärten und dazu führen, daß er Sie völlig ablehnt. In dem Moment also, in dem Sie erkennen, daß ein anderer sich nicht von seiner Meinung abbringen läßt, können Sie aufhören zu argumentieren.

Eine Schwierigkeit beim Argumentieren besteht darin, zu erkennen, ob jemand überzeugbar ist oder nicht. Dazu hilft es, Einwände, die ein anderer bringt, zu prüfen, ob sie tatsächlich Einwände oder aber Vorwände sind.

Das geschieht durch die Frage: Angenommen, dieser Einwand ließe sich beheben?

Entweder wird der Gesprächspartner dann einen neuen Einwand bringen oder er gibt seine Zustimmung, und dann liegt es an Ihnen, diesen Einwand zu beheben. Ein neuer Einwand hingegen läßt den vorherigen als Vorwand erkennen, als etwas vor ein Nicht-Wollen vorgeschobenes.

Bevor Sie einen Einwand auszuräumen versuchen, fragen Sie sich, ob der dafür erforderliche Aufwand durch das Ziel gerechtfertigt wird. Häufig setzen sich Menschen über Geringfügigkeiten auseinander, die keiner großen Inszenierung wert sind.

Bei neutral eingestellten Personen können Sie zunächst rational argumentieren. Sie können die rationale Argumentation dann noch durch eine emotional positive Ansprache verstärken.

Jemand, der gefühlsmäßig überzeugt ist, wird eine Meinung dauerhafter übernehmen als jemand, der bloß ein rationales Argument nachvollzogen hat.

Je nach den Zielen Ihres Argumentierens können Sie die Argumentation einseitig oder differenzierend aufbauen.

- Ziele der einseitigen Argumentation sind: überreden, keine andere Meinung aufkommen lassen, überrumpeln. Sie ist geeignet, einem unkritischen Publikum die eigene Meinung als einzig in Frage kommende vorzustellen. Diese Argumentationsweise profitiert vor allem von der Persönlichkeit des Sprechers.
- Ziele der differenzierenden Argumentation sind: gegen Einwände immunisieren, Alternativen berücksichtigen und ausschalten, die eigene sachliche Kompetenz vorstellen, ein kritisches Publikum überzeugen, verschiedene Aspekte vorstellen und Schlüsse daraus ziehen. Die differenzierende Argumentation geht stärker auf die Zuhörer ein, da sie eventuelle Einwände mitbedenkt.

So gelingt es mit großer Wahrscheinlichkeit, einen Kompromiß zu erzielen: Sammeln Sie möglichst viele Verhandlungspunkte. Wer mehr Verhandlungsgegenstände hat, um die er feilschen kann, ist im Vorteil.

Lassen Sie sich dann ruhig von einigen (nebensächlichen) Punkten abbringen, und verlangen Sie dafür Zugeständnisse; für jedes eigene Zugeständnis verlangen Sie eine Gegenleistung.

So können Sie Forderungen entschärfen: Wenn jemand etwas von Ihnen will, würdigen Sie die Bedeutung seines Wunsches. Stellen Sie dem eine extreme Position in der von Ihnen angestrebten Richtung entgegen, und distanzieren Sie sich von dieser extremen Position.

Stellen Sie Ihre Abweichung als ein Entgegenkommen dar, und schlagen Sie eine Lösung zwischen der Auffassung des Gegenübers und der konstruierten vor.

Sie können eine Argumentation beispielsweise dadurch eröffnen, daß Sie eine Aktion A vorschlagen, einen Endvorteil E dieser Aktion nennen und den unmittelbaren Nutzen N hinzufügen und dann den Partner durch eine Frage F zum Mitdenken anregen:

A + E + N + F   auch möglich: E + A + N + F

Beispiel: Wenn wir eine gescheite Werbekampagne einleiten (A), werden wir unseren Marktanteil ausbauen können (E) und auf dem Produkt X nicht sitzenbleiben (N). Welche Agentur sollen wir beauftragen (F)?

Besser als einen Kompromiß oder einen Sieg ist es jedoch, eine Synthese als Gesprächsziel anzustreben. In ihr werden die Interessen beider Seiten aufbewahrt und die Streitpositionen überwunden. Für Vereinbarungen, die langfristig stabil bleiben sollen, sollten Sie sich mit keiner schlechteren Lösung als einer Synthese zufrieden geben. Sie können eine

Synthese argumentationslogisch konstruieren, wenn Sie folgende Schritte vollziehen:

- Klären Sie Ihre eigenen Interessen und die Ihrer Gesprächspartner,
- formulieren Sie als Problemstellung des Gesprächs die Frage: »Welche Lösung ist geeignet, um die Interessen beider Seiten zu befriedigen?«
- sammeln Sie mit Ihren Gesprächs- oder Verhandlungspartnern möglichst viele eventuell infrage kommende Lösungsaspekte und -alternativen. Je kreativer Sie sind, desto wahrscheinlicher wird eine Einigung.
- Entscheiden Sie zusammen mit Ihren Partnern, welche dieser Aspekte und Alternativen Sie zu einer Lösung kombinieren.

Beachten Sie beim Versuch, eine Synthese zu erarbeiten, daß sich die Ursprungsfrage eines Gesprächs, z. B. »Nehmen wir schwarze oder weiße Möbel für diesen Raum?« fast immer als untauglich für eine Synthese erweist. Nach Klärung der Interessen könnte die Fragestellung z. B. lauten: »Wie betonen wir Klarheit und Struktur in diesem Raum?« Zur Beantwortung dieser Frage läßt sich nicht nur über Farbe, sondern auch über (architektonische) Formen, Materialien, Aspekte der Beleuchtung und gegebenenfalls über die Wahl eines anderen Raumes sprechen. Das Spektrum der verhandelbaren Möglichkeiten wächst enorm. Wenn die Interessen klar sind, lassen sich meist Lösungen finden, die beide Seiten überzeugen und zufriedenstellen.

Unfaire Methoden

Unfaire Methoden sind allenfalls dann vertretbar, wenn andere Gesprächsteilnehmer selbst zu unfairen Methoden greifen. Dann kann es notwendig sein, sich der eigenen Haut zu wehren. Zweierlei sollten Sie allerdings bedenken:

Wenn Sie durch Ihr Verhalten unfaire Methoden eines Gegners provoziert haben, dann sollten Sie zur Verbesserung der emotionalen Atmosphäre vielleicht lieber etwas einstecken, anstatt zu einer Eskalation beizutragen.

Zum anderen ist es nur dann ratsam, zu unfairen Methoden zu greifen, wenn man sicher ist, auch zu siegen. Eine Niederlage in einer unfair geführten Auseinandersetzung kann vernichtend sein.

Und nun einige »Tricks«:

- Provozieren Sie Ihren Gesprächspartner so lange, bis er sich vergißt und Sie leichtes Spiel mit ihm haben.
- Fordern Sie so lange Widerspruch heraus, bis Sie alle Argumente des Gegners kennen und seine hintergründigen Interessen durchschauen und wissen, wo Sie ihn packen können.
- Fallen Sie dem anderen so lange lästig, bis er alles tut, was Sie wollen, bloß um Sie loszuwerden.
- Von verschiedenen Ostblockdelegationen wurde berichtet, daß sie auf internationalen Konferenzen Punkte durchgesetzt haben, indem sie auf Zeitverschleppung gesetzt haben. Morgens um vier, wenn andere Konferenzteilnehmer völlig erschöpft waren, stellten sie Anträge zur Debatte, die dann sofort angenommen wurden, um endlich zum Ende zu kommen. Der eigentliche Haken dieser Anträge wurde dabei übersehen.
- Wenn Sie erwarten, daß ein anderer etwas sagt, das Ihren Ansichten hinderlich sein könnte, reden Sie so lange und engagiert, daß er erst gar nicht zu Wort kommt.
- Stellen Sie Gesprächspartner vor Alternativen: entweder – oder. Lassen Sie sich selbst aber nicht vor Alternativen stellen, sondern zeigen Sie dann, daß es weitere Alternativen gibt.
- Lassen Sie einen Gesprächspartner seine Äußerungen wiederholen und noch einmal wiederholen und noch einmal

wiederholen, bis er merkt, daß Sie ihn veralbern. Dadurch können Sie ihn aus der Fassung bringen und vor einem Publikum lächerlich machen.

- Gehen Sie mit dem, was ein anderer von Ihnen haben will, um, als sei es ein kostbarer Schatz. Desto wertvoller, weil scheinbar unerreichbar, wird es für den anderen, und Sie können einen um so höheren Preis dafür erzielen.

- Wenn ein Gespräch für Sie unangenehm wird, weichen Sie auf grundsätzlichere Fragen und Probleme aus. Verlagern Sie das Gespräch auf eine höhere Abstraktionsebene.

- Jedes Gespräch kann durch ausführliche Diskussionen zur Geschäftsordnung und zur Vorgehensweise ge- und zerstört werden.

- Ist ein Gegner sachlich nicht oder nur schwer zu widerlegen, so können Sie seine Person angreifen, indem Sie ihm entweder sachliche Inkompetenz, mangelndes Problem- oder Verantwortungsbewußtsein oder fehlende moralische Integrität vorwerfen.

Überlegen Sie aber genau, ob Sie jemanden auf diese Weise angreifen; nicht, daß Sie Kräfte entfesseln, die Sie zuletzt nicht mehr bändigen können.

Weitere Methoden, mit Einwänden umzugehen, finden Sie in § 12.

§ 12 Sprache als Instrument der Menschenführung

Führen ist die Tätigkeit, durch die Gruppenaktivitäten auf ein Ziel hin koordiniert und organisiert werden.

Jede Gruppe ab einer bestimmten Größe bedarf der Wahrnehmung dieser Funktion. Darüber hinaus wird vom Führenden die Fähigkeit verlangt, andere Menschen zu motivieren.

Das bedeutet den Versuch, jemanden zu einem bestimmten erwünschten Verhalten zu veranlassen.

Die innere Motivation eines Menschen ist die Summe der bewußten und unbewußten Gründe, die ihn zu einem bestimmten Verhalten bewegen.

Solche Gründe sind: Bedürfnisse, die Erwartung eines Lohnes, die Angst vor einer Bestrafung, der Wunsch, etwas Sinnvolles zu leisten, das Streben nach Selbstverwirklichung. Man kann davon ausgehen, daß jeder psychisch gesunde Mensch den Wunsch verspürt, etwas Sinnvolles zu leisten und sich dabei selbst zu verwirklichen. Diese Motivation ist wegen ihrer Dauerhaftigkeit von besonderer Bedeutung.

Äußerliche Manipulationsversuche durch Druck, Zwang, Versprechungen, Drohungen, Belohnungen und Bestrafungen werden die genannten inneren Beweggründe leicht zerstören. Langfristige Beweggründe treten dann hinter kurzfristigen zurück.

Wer eine Tätigkeit unter Druck und Zwang oder in der Erwartung einer angedrohten Bestrafung verrichtet, wird keine Freude an dieser Tätigkeit empfinden. Er mag sie zwar ausführen, aber nur so lange, wie er diesen Einflüssen nicht ausweichen kann.

Wer dagegen etwas tut, um eine versprochene Belohnung zu erhalten, handelt wegen der Belohnung und nicht wegen der Tätigkeit, oder weil er meint, sich darin selbst zu verwirklichen. Nach dem Erhalten der Belohnung entfällt der Beweggrund, sich weiterhin ähnlich zu verhalten.

Wer auf die Manipulation eines Menschen Einfluß nehmen will, sollte nach dem Gesagten in erster Linie darauf achten, die Grundmotivationen des Leistungswillens und des Strebens nach Selbstverwirklichung nicht zu zerstören, sondern sie zu fördern und ihnen Wege zu bahnen.

Wenn man einmal gewisse materielle und organisatorische Voraussetzungen als gegeben annimmt (etwa: geeignete Arbeitsgeräte, Sicherheit am Arbeitsplatz, Sicherheit des Arbeitsplatzes, genügend Ruhe und Licht), dann wird derjenige Vorgesetzte das Verhalten seiner Mitarbeiter stärker in seinem

Sinn beeinflussen, der die genannten Grundmotivationen der Mitarbeiter nicht zerstört.

Motivieren heißt dann: vermeiden von Demotivation.

Kurzfristig mag man sich einbilden, auf eine positive Einstellung der Mitarbeiter verzichten zu können und ein angestrebtes Ziel mit Druck und billigen Motivations-(bzw. Manipulations-)techniken durchpeitschen zu können. Wo es aber um langfristige Ziele geht, ist eine positive Einstellung aller Beteiligten unersetzbar. Sie sollte keinesfalls wegen kurzfristiger Ziele aufs Spiel gesetzt werden. Die folgende Abbildung verdeutlicht die beiden grundverschiedenen Motivationsstrategien und nennt die ihnen entsprechenden Mittel.

Das Problem lautet nicht: Wie führe oder wie motiviere ich, sondern: Wie weit gelingt es der Führung, optimale Kommunikationsbedingungen zu schaffen und damit die Voraussetzung für eine hohe Effektivität der Gesamtheit aller Gruppenaktivitäten.

Auf Dauer und im Ganzen kommt Führung nämlich eher ohne gezielte Motivationstechniken aus als ohne eine gleichberechtigte harmonische Kommunikation. Allenfalls kann es aufwendigen Motivationsstrategien gelingen, das wieder auszubügeln, was durch mangelhafte Kommunikation verdorben wurde.

Zweifellos ist es mühsamer, demotivierten Mitarbeitern wieder eine Motivation zu verschaffen, als sich von vornherein um die Vermeidung von Demotivation zu bemühen.

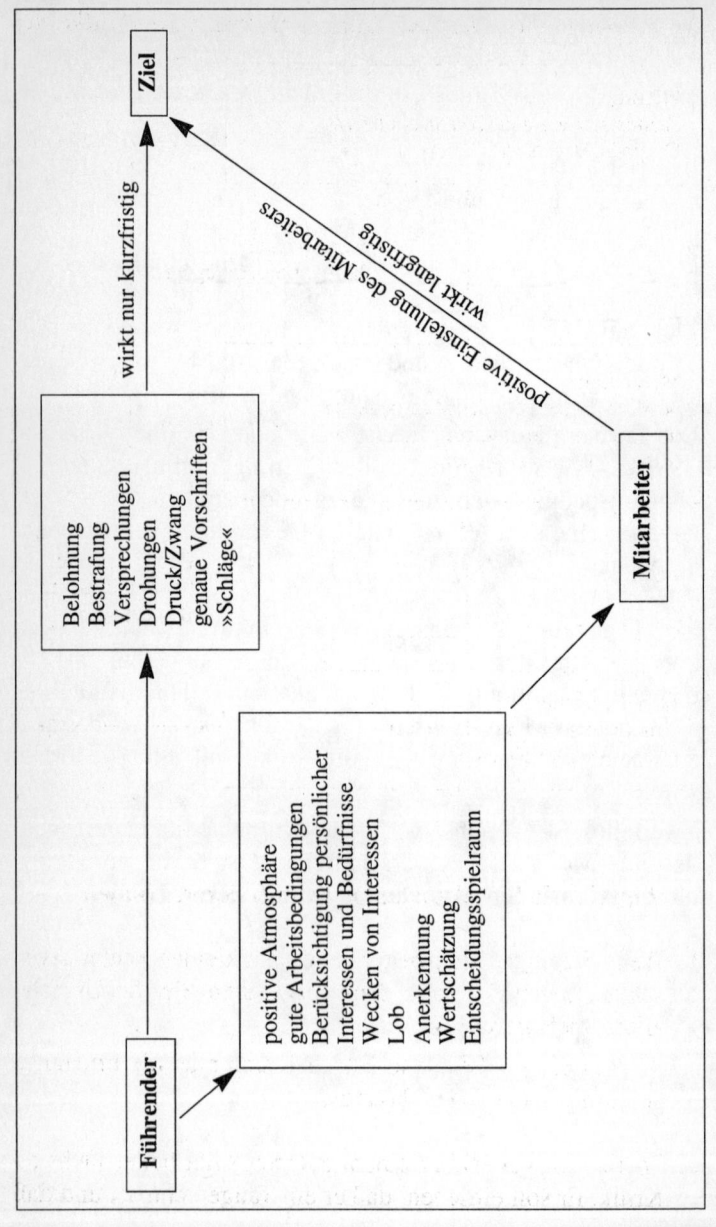

Abb. Motivationsstrategien

Zusammenhang von Kommunikation, Motivation und Führung

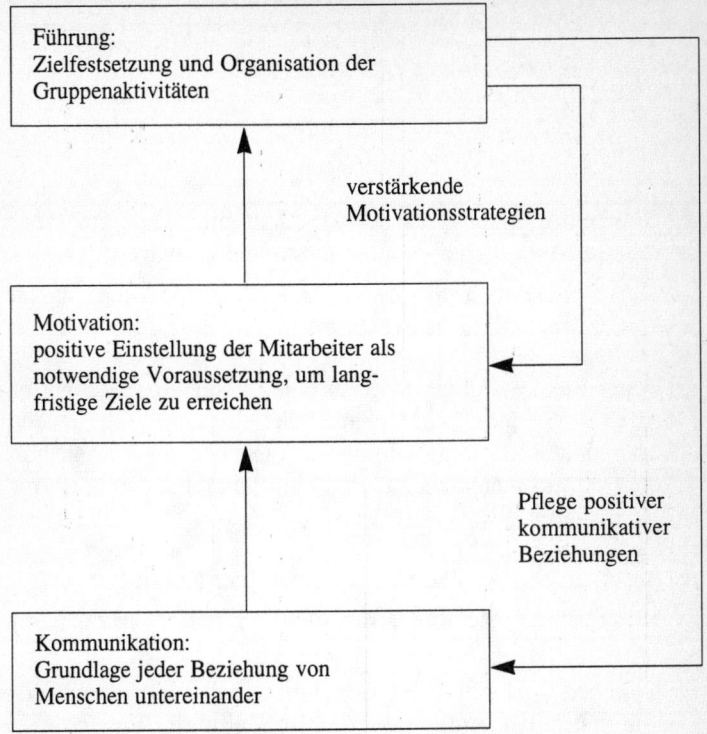

20 Regeln, wie Sie Mitarbeiter demotivieren können

1. Wenn Sie einen Mitarbeiter bei einem kleinen Fehler erwischen, freuen Sie sich, denn hier haben Sie die Ursache allen Übels gefunden.

   Äußern Sie Ihr Glück so laut, daß sich alle, die im Hause sind, mit Ihnen freuen können.

2. Sparen Sie gegenüber einem solchen Mitarbeiter nicht an Kritik. Er soll einsehen, daß er ein Taugenichts ist und daß

seine Arbeit nicht die Hälfte von dem wert ist, was er dafür erhält.

3. Fragen Sie Ihre Mitarbeiter niemals, warum sie etwas so und nicht anders gemacht haben, denn Mitarbeiter sind zu eigenem Denken prinzipiell unfähig und um Ausreden nie verlegen.

4. Hören Sie Ihren Mitarbeitern nicht zu, denn um Ausflüchte für die eigene Faulheit ist niemand verlegen.

   Überdies kennen Sie bereits alle Ausreden und haben keine Zeit, sich Geschwätz anzuhören.

5. Wenn Sie feststellen, daß ein Mitarbeiter aus eigener Initiative gehandelt hat, kann das Ergebnis keinesfalls brauchbar sein, denn Mitarbeiter haben keinen Überblick über Zusammenhänge. Gute Mitarbeiter handeln nur auf Anordnung.

6. Beachten Sie den Wert allgegenwärtiger Kontrolle.

   Kontrollieren Sie so oft wie möglich, und dann mit aller Sorgfalt.

   Erlauben Sie keine Unordnung am Arbeitsplatz, denn Ordnung ist ja bekanntlich die bessere Hälfte des Lebens.

7. Wenn ein Mitarbeiter mit Ihnen sprechen will, haben Sie grundsätzlich zunächst keine Zeit.

8. Sollte der Mitarbeiter dennoch die Dreistigkeit besitzen, mit Ihnen sprechen zu wollen, gehen Sie davon aus, daß er etwas von Ihnen haben will, das Sie ihm nicht geben wollen. Seien Sie also auf der Hut, und vermeiden Sie es, ihn zu Wort kommen zu lassen.

9. Mehr als fünf Minuten Ihrer kostbaren Zeit sollten Sie unter keinen Umständen für ein Mitarbeitergespräch ansetzen.

Der Mitarbeiter soll lernen, sich kurz zu fassen, und in der restlichen Zeit werden Sie dem Mitarbeiter Ihre Vorstellungen von seiner Arbeit darlegen.

10. Lassen Sie sich nicht von dem abbringen, was Sie einmal gesagt haben. Charakterfest ist derjenige, der zu seinem Wort steht. Auch Herodes sprach nach der Unterzeichnung des Urteils über Jesus: »Was ich geschrieben habe, habe ich geschrieben.«

11. Lassen Sie über Ihre Anordnungen und Befehle niemals diskutieren.
Lassen Sie keinen Widerspruch aufkommen, Widerspruch gefährdet nur Ihre Autorität.

12. Vermeiden Sie es grundsätzlich, Lob oder Anerkennung an Ihre Mitarbeiter zu verteilen. Niemand soll sich als Ihr Günstling vorkommen dürfen.
Wer gelobt wird, neigt zum Faulenzen.

13. Je mehr Sie über das Privatleben Ihrer Mitarbeiter wissen, desto besser können Sie sich darin einmischen. Versuchen Sie also, alles über das Privatleben Ihrer Mitarbeiter zu erfahren, was die Gerüchteküche bietet.

14. Spielen Sie als männlicher Vorgesetzter bei weiblichen Mitarbeitern den besorgten, liebevollen und reizenden Charmeur, denn Frauen sind ja so anlehnungsbedürftig und wissen emotionale Wärme (freundliches Blinzeln, leise Komplimente, zärtliches Tätscheln) besonders zu schätzen.

15. Sprechen Sie Ihre Mitarbeiter immer mit: »Mein lieber Herr N.« oder »meine liebe Frau N.« an, auch dadurch verbessern Sie das emotionale Klima am Arbeitsplatz.

Achten Sie aber sorgsam darauf, von Ihren Mitarbeitern in korrekter Weise angesprochen zu werden: »Herr Direktor«, »Herr Dr. N.« etc.

16. Wenn Ihnen etwas nicht paßt, brüllen Sie so laut, daß jeder über Ihren Ärger informiert wird. Lautstarke Wutausbrüche erhöhen die Autorität.

17. Wenn Sie etwas von Ihren Mitarbeitern wollen, sprechen Sie ruhig in Orakeln. Auf harte Befehle könnten Mitarbeiter sauer reagieren, und sie rätseln ja auch ganz gern etwas herum.

18. Sprechen Sie zu Ihren Mitarbeitern ruhig etwas von oben herab, denn schließlich sind Sie ja übergeordnet, und auch die Mitarbeiter sind der Auffassung, daß Sie etwas Besseres sind.

19. Halten Sie Ihre Mitarbeiter durch Einschüchterungen und Drohungen bei Laune.

    Zeigen Sie, wer der Chef ist. Es ist schön, an den Hebeln der Macht zu sitzen und andere zittern zu sehen.

    Genießen Sie Ihre Macht und spielen Sie gelegentlich den lieben Gott oder das Schicksal für Ihre Untergebenen.

    Vor allem sollten Sie unberechenbar bleiben und so dafür sorgen, daß jedermann Grund hat, auch weiterhin an den lieben Gott zu glauben.

20. Die drei folgenden Argumente haben sich noch immer bewährt, um lästige Vorschläge zu erledigen:

    – Das haben wir schon immer so gemacht.
    – Da könnte ja jeder kommen.
    – Heutzutage ist das eben anders.

Falls Sie nicht das Ziel verfolgen wollen, Ihre Mitarbeiter zu demotivieren, seien Ihnen nun einige Hinweise zur Vermeidung von Demotivation der Mitarbeiter gegeben.

Wie Sie Mitarbeiter motivieren können

Bemühen Sie sich um eine gleichberechtigte Kommunikation mit Ihren Mitarbeitern, das heißt: Sprechen Sie mit ihnen nur auf eine Weise, wie diese auch mit Ihnen sprechen könnten.

Die meisten Vorgesetzten sind der Auffassung, daß sie so mit ihren Mitarbeitern sprechen. Tatsächlich aber läßt sich in der Analyse von Gesprächen immer wieder herablassendes, belehrendes und bevormundendes Verhalten zeigen, auch wenn die Gesprächsteilnehmer es ausdrücklich vermeiden wollten.

Typische Redewendungen dieser Art sind:

– »Aber Sie wissen doch...«
– »Was Sie sagen, klingt ja ganz vernünftig, aber...«
– »Sie haben doch sicher schon mal...«
– »An Ihrer Stelle würde ich...«
– »Versuchen Sie doch mal...« und dergleichen mehr.

Solche Kommunikation verläuft eindeutig von oben nach unten, keineswegs auf gleicher Ebene. Auch bei unterschiedlichen Funktionen sollte gleichberechtigte Kommunikation im Sinne der Respektierung einer anderen Person möglich sein.

Die Verantwortung für eine solche Kommunikation liegt vor allem beim Vorgesetzten. Er sollte darauf achten, daß sein sprachliches Verhalten für Mitarbeiter kalkulierbar ist.

Versuchen Sie einmal zu ermitteln, wieviel Zeit Sie und wieviel Zeit eine andere Person durchschnittlich in einem Gespräch reden. Durchschnittlich sollten beide (alle) Gesprächspartner gleich viel Zeit reden und zuhören können. Regen Sie also gegebenenfalls Ihre Mitarbeiter zum Sprechen an. Das geschieht weniger durch verbale Aufforderungen als durch das eigene Verhalten: zuhören, abwarten bis der andere spricht, fragen sowie positive Bestätigung von Äußerungen und Antworten.

Nicht durch Kritik oder Tadel motivieren Sie Ihre Mitarbeiter erfolgreich, sondern durch Lob, Anerkennung und Bestätigung.

Durch negative Kritik können Sie allenfalls erreichen, daß jemand etwas nicht mehr tut. Ein gewünschtes Verhalten wird dagegen um so wahrscheinlicher, wenn es unmittelbar belohnt wird.

Negative Kritik bringt einem Vorgesetzten darüber hinaus weniger Sympathie als ein Lob.

Wenn es dennoch nicht vermeidbar ist, negative Kritik zu geben, dann auf eine Weise, die nicht verletzend wirkt.

Dazu wird hier eine Methode vorgeschlagen, mit der Sie sowohl positive als auch negative Kritik freundlich, aber wirkungsvoll anbringen können. Es handelt sich um ein Vorgehen in vier Schritten:

(1) Vergewissern der Gesprächsbereitschaft des anderen;
(2) Beschreibung eines Verhaltens des Mitarbeiters ohne eigene Bewertung;
(3) Mitteilung der gefühlsmäßigen Wirkung des Verhaltens des anderen;
(4) Vorschlag an den Gesprächspartner für sein künftiges Verhalten bzw. für eine gemeinsame Problemlösung.

Die Bedeutung und Wirksamkeit dieses Vorgehens liegt darin, daß Sie jeweils neben einer (überprüfbaren) Beschreibung lediglich über Ihre Gefühle sprechen und kein Urteil über den anderen fällen.

Sie sagen also nicht: »Du bist ein Schwätzer«, sondern: »Du redest manchmal sehr lange, so daß ich Mühe habe, dir bis zum Ende zuzuhören.«

Die Bedeutung des Vorschlags besteht dann darin, daß Sie dem Gesprächspartner signalisieren: Ich breche die Kommunikation mit dir nicht ab, sondern denke mit dir.

Ein solches Verhalten erleichtert es dem Angesprochenen, das von Ihnen gegebene *Feedback* anzunehmen und sein Verhalten zu ändern, ohne sein Gesicht zu verlieren. So wird von ihm keine Rechtfertigung verlangt, sondern ihm wird ein konstruktives Gespräch angeboten.

Konstruktive Zusammenarbeit verlangt vom Vorgesetzten nicht nur die Fähigkeit, Weisungen auf verständliche Weise zu geben, sondern auch die Fähigkeit, aufmerksam auf das zu hören, was ihm seine Mitarbeiter mitteilen.

Jeder »Chef« sollte bedacht sein, möglichst viele Informationen von seinen Mitarbeitern zu erhalten. Das Gefährlichste, was ihm passieren kann, ist, wenn ihm seine Mitarbeiter wichtige Informationen vorenthalten, bzw. wenn er seine Leute gar nicht so weit zu Wort kommen läßt, daß sie Gelegenheit dazu hätten, sie ihm zu geben.

Wer als Vorgesetzter Information als Herrschaftsinstrument betrachtet, leitet durch solches Verhalten seine Mitarbeiter an, desgleichen zu tun.

Versuchen Sie, den Verantwortungs- und Entscheidungsspielraum Ihrer Mitarbeiter möglichst groß und in der Tendenz wachsend zu halten. Jemand, der mit einem Gebiet eng befaßt und vertraut ist, kann die dort anfallenden Entscheidungen meist kompetenter als ein Außenstehender fällen.

Sie können Ihre Mitarbeiter zu selbständigerem Denken anregen, indem Sie z. B. Fragen folgender Art stellen:
»Wie ließe sich das erreichen?«
»Wie ließe sich das künftig vermeiden?«
»Welche Möglichkeiten sehen Sie?«
»Wie ist es dazu gekommen?«

Je mehr Entscheidungen ein Mensch selbst treffen kann, desto weniger wird er sich als Befehlsempfänger verstehen. Er empfindet seinen eigenen Wert, kann sich deshalb höher achten und wird für die weitere Tätigkeit besser motiviert sein.

Vermeiden Sie alles, was das Selbstwertgefühl eines Mitarbeiters beeinträchtigen könnte.

Fördern Sie alles, was sein Selbstwertgefühl stärkt.

Schuldgefühle, Ängste und Minderwertigkeitsgefühle sollten Sie niemals bei Ihren Mitarbeitern auszulösen versuchen. Diese Gefühle können stark demotivierend wirken. Ebenso ist davon abzuraten, jemanden vor anderen bloßzustellen.

Bemühen Sie sich, jeden einzelnen Ihrer Mitarbeiter wahrzunehmen.

Ermuntern Sie jeden zum Mitreden und regen Sie den Skeptischen zum Mitdenken an. Niemand erträgt es auf Dauer, übersehen zu werden. Wer anders keine Beachtung erhält, erzwingt sie sich oftmals, indem er negativ auffällt.

Wenn die Zahl Ihrer unmittelbaren Mitarbeiter zu groß ist, als daß eine kontinuierliche Kommunikation mit dem einzelnen möglich ist, so wäre die Einrichtung einer zwischengeschalteten Führungsebene zu überlegen.

Versuchen Sie bei Gegensätzen in der Gruppe, die Sie führen, zu vermitteln.

Spielen Sie auf keinen Fall Mitarbeiter gegeneinander aus.

Vermeiden Sie leicht durchschaubare Motivationstechniken. Sie werden in kaum wieder einzuholendem Maß an Autorität verlieren, wenn solche Strategien erkannt und aufgedeckt werden. Techniken sind kein Ersatz für gleichberechtigte Kommunikation, in welcher der Führende die Persönlichkeiten seiner Mitarbeiter – bei unterschiedlicher Funktion – als Partner akzeptiert.

Der Vorteil von Druck als Führungsmittel liegt darin, daß ein Mitarbeiter etwas tut, weil er es tun muß. Je kleiner das Ziel, desto mehr Zeit läßt sich unter Umständen zwar sparen, die Nachteile liegen aber auf der Hand: Druck und Zwang gehen immer mit Kontrolle zusammen. Jeder wird bemüht sein, dem Druck und dem Zwang auszuweichen.

Je wichtiger und langfristiger also ein Ziel angestrebt wird, desto mehr Energie und Aufwand wird erforderlich, um den Druck aufrechtzuerhalten und die Kontrolle ständig durchzuführen.

So wie jede Art einer länger dauernden sozialen Beziehung die Persönlichkeitsmerkmale der Partner beeinflußt, so beeinflußt auch die Art der Führung die Persönlichkeit und die Verhaltensweisen der Mitarbeiter. Prüfen Sie deshalb Ihr eigenes Verhalten daraufhin, ob es Ihren Vorstellungen vom Verhalten der Mitarbeiter entspricht.

> »Von einem guten Führer werden sie sagen,
> wenn seine Aufgabe vollendet,
> seine Arbeit getan ist:
> Wir haben dies selbst getan.«

Lao-tse (Chinesischer Philosoph, 604–520 vor Christus)

Wie Sie Gruppengespräche moderieren können

Jeder Vorgesetzte, der mit Gruppen von Mitarbeitern zusammenarbeitet, sollte einige *Regeln zur Moderation von Gruppengesprächen kennen,* durch die er solche Gespräche hinsichtlich ihrer Ergiebigkeit positiv beeinflussen kann.

Beeinflussung der Mitarbeiter heißt auch hier wieder nicht: sich mit ein paar Tricks geschickt durchsetzen können, sondern grundlegender und massiver: Kommunikationsmöglichkeiten und Konventionen für Kommunikation schaffen. Darin besteht eine spezielle Aufgabe des Vorgesetzten, weil er der naheliegende Organisator und Leiter von Mitarbeiterbesprechungen ist.

Folgende Hinweise empfehle ich zu beachten:

Ziel einer Mitarbeiterbesprechung ist im Regelfall ein Beschluß oder eine Entscheidung.

Die Mitarbeiterbesprechung ist vom Vorgesetzten einzuberufen.

Die Kompetenzen sollten zu Beginn des Gesprächs geklärt werden.

Sie sollte möglichst regelmäßig stattfinden, um die Gesprächspartner aneinander zu gewöhnen und um solche Gespräche als etwas Normales darzustellen. Dadurch werden beim einzelnen Teilnehmer hemmende Ängste abgebaut oder vermieden.

Besprechungen sollten in der Dienstzeit stattfinden, pünktlich beginnen und pünktlich geschlossen werden. Eine regelmäßige pünktliche Eröffnung ist die wirksamste Methode, um Verspätungen von Teilnehmern zu vermeiden.

Besprechungen sollten möglichst nicht im Dienstzimmer des Vorgesetzten stattfinden. Einerseits, um unnötige Störungen zu vermeiden, andererseits aber auch, um Befangenheit der Mitarbeiter gegenüber dem Vorgesetzten zu vermeiden. Man geht eben nicht zum Vorgesetzten, sondern man trifft sich mit ihm.

Ein runder Tisch ist einem eckigen vorzuziehen, denn an ihm sind alle Plätze gleichwertig.

Die Tagesordnung sollte bereits vorher bekanntgegeben sein, und den Teilnehmern sollte Einfluß auf deren Gestaltung möglich sein.

Auf die Tagesordnung gehören keine Punkte, die nur einzelne angehen, aber die Gruppe als Ganzes nicht betreffen.

Eventuell können den Mitarbeitern vorbereitend Unterlagen zugestellt werden.

Es empfiehlt sich, für die einzelnen Punkte der Tagesordnung einen Zeitplan zu erstellen, der eingehalten wird.

Der Gesprächsleiter bricht die Diskussion zu jedem Punkt nach Ablauf der vorgesehenen Zeit ab, faßt das Ergebnis des Diskussionsverlaufs zusammen (fürs Protokoll) und stellt den nächsten Punkt zur Diskussion. Die geplante Zeit sollte nur dann wesentlich überschritten werden, wenn dafür gewichtige Gründe sprechen.

Es ist sinnvoll, zu Gesprächsbeginn durch eine Konvention die Redezeit zu begrenzen. Diese Begrenzung gilt für alle, auch für die Vorgesetzten. Meist reichen sechzig Sekunden für einen Beitrag aus. Lediglich die Einführung kann länger sein.

Die Bedeutung dieser Konvention liegt weniger darin, Mitarbeiter mittels Stoppuhr zu schikanieren oder streng über die Einhaltung der Zeit zu wachen, sondern sie bietet die Handhabe, Vielredner zurückzuhalten und ausschweifende Beiträge abzukürzen.

Ein Vorgesetzter, der seine eigene Meinung zu Beginn einer Besprechung mitteilt, legt damit gleich die Richtung des Gesprächs fest. Eine echte Diskussion wird dadurch erschwert, weil sich manche Mitarbeiter scheuen, ihrem Vorgesetzten zu widersprechen.

Um das zu vermeiden, kann man als Vorgesetzter Alternativen zur Diskussion stellen oder der Gruppe ein Problem zur Lösung vorstellen.

Für ein kreatives Gespräch ist es vorteilhaft, wenn man sich als Vorgesetzter mit der eigenen Meinung möglichst lange zurückhält und zuhört. Dadurch kann man sowohl seine eigene Ansicht überprüfen und sie gegebenenfalls stillschweigend ändern als auch abschätzen, von wem man aus der Gesprächsrunde bei seiner Meinung unterstützt werden wird.

Von der Gesprächsleitung hängt das Klima in einer Gruppe ab. Jeder muß zu Wort kommen können, keiner darf zum Schweigen gezwungen werden.

Sprechen Sie also einen schweigenden Teilnehmer nicht plötzlich auf seine Meinung hin an, aber achten Sie sorgfältig darauf, keine seiner Wortmeldungen zu übersehen. Eine Wortmeldung kann im Einzelfall aus einem zustimmenden Nicken, einem ablehnenden Kopfschütteln oder einer kleinen Geste bestehen.

Versuchen Sie, solche kleinen Äußerungen aufzugreifen:
»Herr N., Sie schütteln den Kopf, was wollen Sie damit sagen?«
»Was bedeutet Ihre kleine Geste?« ...

Der Leiter einer Diskussion kann auf den Verlauf anregend einwirken, indem er die Diskussion zeitweise ohne Eingriffe laufen läßt. Er kann aber auch beruhigend wirken, indem er darauf besteht, das Wort zu erteilen. Will kein Gespräch in Gang kommen, läßt sich das meist mit ein paar Fragen an die Gesprächsteilnehmer erreichen.

Am Ende einer Besprechung sollte geklärt werden, wer für die Ausführung eines Beschlusses verantwortlich ist. Nach einer festzusetzenden Zeit kann die Ausführung und deren Erfolg dann überprüft werden.

Nach dem Gespräch sollte an alle Teilnehmer ein Ergebnisprotokoll verteilt werden.

Wie Sie mit Einwänden umgehen können

Das spontane Umgehen mit Einwänden gehört zu den wichtigsten kommunikativen Fähigkeiten. Wer dazu in der

Lage ist, braucht kaum noch vor Kommunikationssituationen Angst zu haben und kann sich sicher fühlen. Wer Angst hat, wehrt ab oder greift an. Wer sicher ist, kann ruhig und gelassen die Art einer Kommunikationssituation beeinflussen und ist nicht mehr in der Gefahr, überrumpelt zu werden.

Einige Hinweise zum Umgehen mit Einwänden:

Lassen Sie sich nicht aus der Ruhe bringen. Wer seine Ruhe verliert, zieht meist den kürzeren, weil er nicht mehr klar bedenken kann, was er sagt. Er wird dadurch leichter angreifbar und ist seinen Gegnern ausgeliefert.

Vermeiden Sie es, sich zu entschuldigen, zu rechtfertigen oder sich zu verteidigen. Wer damit beginnt, begibt sich in die Rolle des Unterlegenen. Und während einer Auseinandersetzung fällt es schwer, einmal eingenommene Rollen zu wechseln.

Ergreifen Sie auch nicht die Rolle des Angreifers, sondern nehmen Sie Einwände und Angriffe zunächst einmal kommentarlos auf. Bestreiten Sie zunächst nichts. Antworten Sie feststellend: »Aha, Sie haben also den Eindruck, daß...«

Hören Sie Einwände und Forderungen ruhig an, ohne zu unterbrechen. Neben dem Effekt, daß der Sprecher sich dadurch abreagieren kann und sich selbst beruhigt, gewinnen Sie Zeit, sich eine passende Antwort zu überlegen.

Schneller und harter Widerspruch Ihrerseits verschärft nur die Reaktion des anderen.

Stellen Sie Rückfragen. Geben Sie keine eigene Stellungnahme, keine Auskünfte, bevor Sie nicht genau wissen, was der andere will, was er schon weiß, worum es ihm geht.

Immer wieder ist zu beobachten, daß jemand beginnt, sich zu rechtfertigen, noch bevor der andere ausgesprochen hat. Fragen Sie souverän zurück, und fordern Sie alles heraus. Dann liegen bald die Karten des anderen auf dem Tisch, und Sie haben die Ihren noch verdeckt in der Hand.

Vermeiden Sie es, einem anderen Menschen zu widersprechen, wenn er gereizt ist. Sie würden ihn dadurch nur stärker reizen. Widerspruch bringt in den wenigsten Fällen Vorteile.

Verlangen Sie für Behauptungen Beweise. Wer behauptet, ist beweispflichtig, und einen zwingenden Beweis zu bringen, fällt den meisten Menschen schwer.

Zwingen Sie den anderen zur Präzision, indem Sie ihn nach genauen Definitionen seiner Begriffe fragen.

Stellen Sie bei Forderungen die Beantwortung für später in Aussicht. Legen Sie sich also nicht gleich fest, und halten Sie sich damit die Möglichkeit einer Absage offen. Sie halten dadurch den anderen freundlich. Solange er weiter auf positiven Bescheid hofft, will er es schließlich nicht mit Ihnen verderben.

»Ernst töte mit Spott, Spott mit Ernst.« Diese Regel ist geeignet, Einwände und Angriffe abzutun und Sie kurzfristig aus einer Verlegenheit zu retten; sie ist nicht geeignet, eine Kommunikationssituation positiv zu entwickeln.

Bereiten Sie sich auf mögliche Einwände und Zwischenrufe vor. Sie können dann mit Ihrer Antwort den Eindruck von Schlagfertigkeit erwecken. Gehen Sie aber nicht auf alle Zwischenbemerkungen ein.

Decken Sie Täuschungsmanöver und Manipulationen anderer sofort auf und fragen Sie nach der dahinterstehenden Absicht. Wenn Ihnen ein Widerspruch nachgewiesen wird, können Sie sich mit einer Unterscheidung retten: in der Hinsicht ja, in der Hinsicht nein.

In unwichtigen Punkten können Sie ruhig einmal nachgeben, um Ihre Kompromißbereitschaft unter Beweis zu stellen. So wird Ihrer Unnachgiebigkeit in wichtigen Punkten eine größere Bedeutung zugemessen.

Knüpfen Sie an ein Zugeständnis eine Bedingung: »Ich bin einverstanden, wenn Sie...«, oder schränken Sie dies Zugeständnis ein, um noch einen Kompromiß erreichen zu können.

Sie können Einwänden durchaus zustimmen, wenn Sie Ihre Zustimmung auf einen Teilbereich einschränken. Zeigen Sie deutlich die Grenzen der Unterscheidung.

Sie können einen Einwand oft entkräften, indem Sie ihn gegen den Einwendenden drehen: »Gerade deshalb meine ich...«

Achten Sie grundsätzlich nach der Beantwortung einer Frage oder eines Einwandes darauf, ein Einverständnis mit den Gesprächspartnern herzustellen. Möglichst sollten sie zufriedengestellt werden; ist dies unmittelbar nicht möglich, einigen Sie sich, das angesprochene Thema jetzt nicht auszudiskutieren, oder auch darauf, daß Sie sich im Moment nicht einigen können.

Ein unzufriedener Gesprächspartner wird sich mit großer Wahrscheinlichkeit bei passender Gelegenheit mit schärferer Waffe wieder zu Wort melden und versuchen, Sie in Verlegenheit zu bringen.

Vermeiden Sie es deshalb möglichst, Menschen, mit denen Sie über längere Zeit oder dauerhaft Kontakt haben wollen oder müssen, grob zu begegnen.

Die meisten Menschen reagieren selbst auf geringfügig herablassendes, belehrendes, aggressives Verhalten empfindlich. Dabei spielt es keine Rolle, ob ein solches Verhalten von Ihnen beabsichtigt oder nicht so gemeint war.

Die Grenzen des Manipulierens und Überzeugens

In diesem Buch haben Sie viele Dimensionen der Sprache und der Kommunikation mit den ihnen entsprechenden Mitteln der Menschenbeeinflussung ausführlich kennengelernt.

Manche dieser Mittel wirken nur, wenn sie unbemerkt vom Beeinflußten eingesetzt werden. Sie umgehen sein Bewußtsein und müssen darum als manipulativ bezeichnet werden. Manipulieren heißt, anderen etwas einreden. Sie zu etwas bringen, was sie eigentlich gar nicht wollen. Sie zu etwas veranlassen, das sie bei vollem und klarem Bewußtsein nicht wollen würden.

Überzeugen dagegen heißt, anderen etwas bewußt machen, ihnen etwas aufdecken. Die entsprechenden Beeinflussungsmittel schaffen Klarheit, verdeutlichen oder veranschaulichen, und machen Bezüge zwischen Menschen und/oder Sachverhalten offenbar. Die entsprechenden Kommunikationsmittel wirken auch, wenn sie offen eingesetzt werden. Die Beeinflußten können dabei aus eigener Einsicht Zusammenhänge erkennen und sich darüber bewußt werden, was sie selbst wirklich wollen. Sie werden schließlich das, was sie – nachvollziehend – für richtig erkannt haben, auch tun.

Überzeugen bedeutet, Bewußtsein vermitteln. Was Bewußtsein einschränkt ist manipulativ. Das ist die wesentliche Grenze zwischen Manipulieren und Überzeugen.

Müssen nun andere Menschen über die Mittel, mit denen sie beeinflußt werden, immer aufgeklärt werden? Wenn dieser Einfluß im Sinne ihrer eigenen Interessen stattfindet, vermutlich nicht. Nur: wer garantiert das? Täuscht sich da nicht auch manchmal ein wohlwollender Mensch? Gut gemeint ist noch längst nicht gut getan. Als ein Kriterium für die Verantwortlichkeit von Einflußnahme auf andere Menschen kann demnach die grundsätzliche Aufdeckbarkeit der angewandten Beeinflussungsmittel gelten.

Ob nun Manipulation beabsichtigt war oder nicht: wenn ein anderer Mensch das Gefühl entwickelt, manipulativ zu etwas gedrängt worden zu sein, was er unterwegs nicht gemerkt, und am Ziel nicht gewollt hat, zerbricht Vertrauen. Das ist eine weitere Grenze, an die einer, der beeinflußt, stößt. Vertrauen ist eine sehr hohe Qualität in Beziehungen, die langsamer wächst, als sie zerstört werden kann.

Deshalb ist bei jeder Einflußnahme auf andere Menschen, egal, wie gut sie gemeint sein mag, große Behutsamkeit erforderlich. Prüfen Sie immer wieder zwischendurch, ob sich ein anderer Mensch mit seinen Zielen, Interessen, Emotionen und Bedürfnissen in einer Beziehung oder einer Problemlösung integriert fühlt. Wenn er oder Sie Zweifel daran haben, können Sie im Sinn einer dauerhaft befriedigenden Beziehung oder Zusammenarbeit nur bemüht sein, eine solche Integration tatsächlich herzustellen.

Die andere Seite sind die Beeinflussungsversuche, denen Sie persönlich ausgesetzt sind. Seien Sie wachsam. Nicht alle anderen Menschen sind so wohlmeinend wie Sie. Vielen geht es nur um Macht und Geld. Rücksichtslos bemühen sie sich um ihren Vorteil und sind auch bereit, auf langfristig positive Beziehungen zu verzichten. Tausende von Werbe- und Marketingstrategen werden dafür bezahlt, Ihnen Ihr Geld aus der Tasche zu ziehen und Ihnen Ihre Freiheit zu rauben.

Wie leicht fällt man immer wieder darauf herein. Wenn Sie aus einem Katalog etwas bestellen, sind Sie keinem Menschen, der im eigenen Interesse an einer positiven Beziehung zu Ihnen interessiert sein könnte, begegnet. Sie haben nur irgendwelche Bilder und Worte wahrgenommen, die sehr gezielt irgend etwas mit Ihnen machen. Erinnern Sie sich nur an die jungen, erotischen Models, die in aufreizenden Posen die Unterwäsche im Katalog präsentieren. Natürlich wird da suggeriert, daß man, wenn man diese Unterwäsche trägt, genauso toll aussieht, selbst wenn man Größe 54 bestellt. Eigentlich bräuchte man nur in den Spiegel zu schauen und käme der eigenen Wahrheit ziemlich nahe.

Die Wahrheit ist eine weitere Grenze der Manipulation. Lügen, sagt man, haben kurze Beine. Irgendwann werden sie von der Wahrheit überholt.

Aber manche Leute brauchen gar nicht erst getäuscht und manipuliert zu werden, sie täuschen sich selbst. Vielleicht ist das sogar die größte Gefahr. Einer Täuschung durch andere kann man häufig leichter entrinnen als einer Selbsttäuschung. Zunehmende Wachheit und Bewußtheit gilt es also nicht nur anderen gegenüber, sondern mindestens genauso sich selbst gegenüber zu entwickeln. Auf sich selbst bezogen bedeutet das: Selbst-bewußt-sein.

Da nun andere Menschen besonders für das, was ihr Selbstbewußt-Sein hebt, dankbar sind, können Sie ihnen nichts besseres tun, als es in einem echten und tatsächlichen Sinn zu heben. Dann werden Sie treue und zuverlässige Partner haben.

Wirtschaft

Praxisnah vermitteln renomierte Autoren Wissenswertes und Informatives zu aktuellen Wirtschaftsthemen unserer Zeit.

19/28

Harvey Mackay
Schwimmen mit den Haien, ohne gefressen zu werden
19/171

Harvey Mackay
Hüte dich vor dem nackten Mann, der dir sein Hemd verkaufen will
22/1009

Anthony Sampson
Globalmacht Geld
Der neue Reichtum oder Warum Geld die Welt regiert
22/1005

André Kostolany
Kostolanys Börsenseminar
Für Kapitalanleger und Spekulanten
22/1010

Ricardo Semler
Das Semco System
22/1008

John Mole
Der Euro-Knigge für Manager
Gemeinsamer Markt, verschiedene Sitten
22/2009

Jay Conrad Levinson
Guerilla Marketing
Offensives Werben und Verkaufen für kleinere Unternehmen
22/2014

Jeswald W. Salacuse
International erfolgreich verhandeln
22/2015

Heyne - Taschenbücher

Grundwissen Management

Das grundlegende Fachwissen für alle Unternehmensbereiche in kompakter und verständlicher Form

Raimung Berger/
Wolfgang Borkel
Grundwissen Betriebsorganisation
Mit zahlreichen Beispielen und Checklisten für die Praxis
22/207

Peter Hohenemser
Grundwissen Wirtschaft
Marktwirtschaft - Wirtschaftspolitik - Weltwirtschaft - Umwelt und Wachstum
22/318

Günther Krüger
Grundwissen praktische Betriebswirtschaft
Abläufe und Strukturen im Unternehmen
22/227

Hans-Georg Lettau
Grundwissen Marketing
Marktforschung und -planung, Produkt und Preis, Verkauf und Vertrieb, Werbung und PR
22/218

Ernst Obermaier
Grundwissen Werbung
Marktchancen erkennen - Zielgruppen optimal ansprechen - Budgets bestimmen - Erfolge kontrollieren
22/203

Hans-Hermann Stück
Grundwissen Kalkulation
Für Einzelhandel, Handwerk und Industriebetrieb. Mit vielen Beispielen zum Selbststudium
22/117

Hans-Hermann Stück
Grundwissen Steuern
Alles Wissenswerte für das Gespräch mit dem Steuerberater bzw. Finanzamt
22/305

Wilhelm Heyne Verlag
München